BANGYANG DE
ZHENGNENGLIANG
榜样的正能量

向榜样学习

感恩·奉献

刘广富 编著

北京出版集团
北京出版社

图书在版编目（CIP）数据

向榜样学习．感恩·奉献／刘广富编著．— 北京：
北京出版社，2014.1
（榜样的正能量）
ISBN 978 - 7 - 200 - 10320 - 5

Ⅰ．①向… Ⅱ．①刘… Ⅲ．①品德教育—中国—青年
读物②品德教育—中国—少年读物 Ⅳ．①D432.62

中国版本图书馆 CIP 数据核字（2013）第 282764 号

榜样的正能量
向榜样学习　感恩·奉献
XIANG BANGYANG XUEXI　GAN'EN·FENGXIAN
刘广富　编著

＊

北　京　出　版　集　团
北　京　出　版　社　　出版
（北京北三环中路 6 号）
邮政编码：100120
网　址：www．bph．com．cn
北 京 出 版 集 团 总 发 行
新 华 书 店 经 销
三河市同力彩印有限公司印刷

＊

787 毫米×1092 毫米　16 开本　12 印张　170 千字
2014 年 1 月第 1 版　2023 年 2 月第 4 次印刷
ISBN 978 - 7 - 200 - 10320 - 5
定价：32.00 元
如有印装质量问题，由本社负责调换
质量监督电话：010 - 58572393
责任编辑电话：010 - 58572303

前　言

有这样一个我们十分熟悉的场景，就是基督徒们在就餐前总要双手合十，低头喃喃祷告："感谢上帝赐给我们水、盐和面包。"接着，在胸前画完十字后才拿起刀叉享用食物。这种对上帝虔诚的感恩态度，不禁会让人们发问："所有的美食佳肴不都是自己辛苦赚取的吗？又为何要感谢上帝呢？"依此推之，我们身边那些通过自己摸爬滚打，最终过上高品质生活的成功人士，也可以理直气壮地说："我得到是因为我付出了，我享用的是自己用汗水拼搏来的成功，凭什么要感恩别人呢？只要感谢我自己就好了！"

当然，每一块面包和每一杯牛奶都是辛苦劳作的收成，但是，我们难道不应该感谢大自然的风调雨顺吗？不错，一个人的成功是自己拼搏所获，但是，我们难道不应该感激在成长道路上，磨炼过我们心智的困境吗？也许，我们正拥有的一份工作不是自己最喜欢的，但是，难道我们不应该感激这份不喜欢的工作带来的从未有过的体验和锻炼吗？当想明白这些后，我们就会为现在所拥有的周围的一山一水、一草一木而感恩，无论春花、秋月，还是夏日、冬雪，四季的美丽在于它自然流逝，而这些曾经的磨砺和现在的拥有都是如此弥足珍贵，我们都该感恩不尽。

有人将感恩分为3种境界：知恩是感恩的第一种境界，一个人在接受他人帮助、受惠于他人后应该感受到他人的真切之情，关爱之心，感受到人间自有真情在。即便是一个简单的微笑，一次顺手递送东西等工作和生活中简单的帮助，我们都应该从中感受到他人的友善，他人曾给你帮助的温暖。感恩是第二重境界，感恩是面对别人的重大恩惠，这是一份很大的帮助，让你内心被深深地打动，内心油然升起一种深深的感激之情，感恩比知恩来得要深，是对世事产生的一种美好感情，是一次对心灵的洗礼。感恩是内心流过的一阵暖流，是在心里立下的一个誓言。报恩是感恩的第三重境界，也是感恩的最高境界。一个受惠于他人的人，要用自己的语言和行动去回报那些有恩于他的人，同时，还将这份深沉的谢意奉献给那些素未谋面的人，让自己也成长为一个施恩者。

"谁言寸草心，报得三春晖""谁知盘中餐，粒粒皆辛苦"，我们小时候背诵的诗句，讲的就是要感恩。滴水之恩，涌泉相报；衔环结草，以报恩德，中国绵延多少年的古老成语，告诉我们的也是要感恩。在这个世界上，我们应该感恩父母，谢谢他们给予我们生命，让我们能够感受到世界上的一切声色和光影；我们应该感恩老师，谢谢他们默默无私的奉献，教会了我们很多学问，给我们指明了人生的方向；我们应该感恩朋友，他们在我们收获成功的时候，为我们欢呼喝彩，在我们失败的时候，陪在我们身边送上安慰和鼓励；我们应该感恩祖国，如果没有她的繁荣昌盛，哪有我们今天的幸福生活，哪有我们健康成长的沃土；我们应该感恩生活，是它让我们体会到世间的酸甜苦辣，让我们更加懂得珍惜；我们应该感恩自然，是她无私地馈赠给我们丰饶的物产，也带给我们春花秋月、塞北江南的自然美景；我们应该感恩对手，是他们给了我们动力，不断激励着我们向前……

本书选取了有关感恩与奉献的真人事迹，希望青少年们在学习后，能够用一颗感恩的心来看待周围的一花一草、一山一水，同时在感恩力量的激发下，用自己的行动奉献社会，回馈社会。

目　录

第一章

谁言寸草心，报得三春晖

"马路孝子" 刘普林

【模范人生】

刘普林，男，共青团员，湖北武穴人，武汉理工大学华夏学院经济与管理系会计2010级学生。刘普林为了减轻体弱母亲的劳动负担，两年来坚持利用课余休息时间和节假日替当环卫工的母亲清扫街道，被人们称为"马路孝子"。

自从2010年9月刘普林考上大学到武汉读书以来，无论严寒酷暑，无论刮风下雨，刘普林都利用休息日和节假日帮当环卫工的妈妈清扫街道，每年春节也不例外，他们一家人的春节是在大街上度过的。每天凌晨5点，天未亮，刘普林照例拿着扫帚来到武昌区涵三宫街，开始扫马路。竹质的扫帚握在手中，冰冷刺骨，刘普林却没有戴手套。因为他觉得这样扫地方便用力，扫得会更干净。他一边扫，一边把冻得通红的手轮换着放在嘴边哈气取暖。在清冷的路灯下，他弓着背，半蹲着身子，用力地清理着头一晚留下的垃圾。长达近400米的涵三宫街是妈妈库香莲的责任路面，从清晨5点许直到中午12点，来来回回，刘普林要清扫约7次。晚上6点至8点，他还要再去扫街。

由于家里的经济条件不好，10年前刘普林的父母离开湖北省武穴市农村老家来到武汉做环卫工。从初中开始，刘普林就自己在老家边读书边干农活儿，插秧、打谷、背柴，大小家务全包了。读高二那年，来武汉看望妈妈的刘普林惊讶地发现父母的衰老和劳累，那次他在武汉住了几天，第一次帮妈妈扫了马路。2010年，考到武汉理工大学华夏学院的刘普林开始利用每个周六周日和每个寒暑假帮妈妈打扫街道。每次回答记者"扫地时有没有觉得不好意思"的问题，他都是同一句话："我首先是母亲的孩子，其次才是大学生。"

刘普林平时生活很节俭，为了省钱，一顿饭他常常只打两元的菜吃。可看到报纸上登了心脏患儿需要捐款的事情后，他立即参加义务卖报纸活动，帮助患儿筹集医药费，并从为数不多的生活费中拿出20元捐了出去。自2010年10月起，刘普林每隔半年就义务献一次血，到现在，已经累计献血1500毫升。每次献完血后，他才会在食堂打两个菜，算是补充营养。而血液中心赠送的营养品，他都送给了班上生病的同学。刘普林在家里是个孝子；在学校，他是一名自强不息、积极向上的优秀大学生；在社会，他是一名勇于担当、乐于奉献的新时代青年。对学院的慰问金，他坚持拿出一部分捐助他人。他说，他家不是最困难的，还有更困难的家庭需要帮助。

刘普林同学的感人事迹在媒体和社会上引起了强烈反响和广泛关注。《光明日报》《新华每日电讯》《中国青年报》等中央媒体均在头版头条对他的事迹进行了宣传报道，中央电视台新闻频道也进行了专题播放，新华社刊发长篇通讯稿，中国新闻社、《中国教育报》等媒体进行了采访和报道，湖北省内媒体《楚天金报》除头版报道外，还连续多天开辟专版进行跟踪报道，《湖北日报》、湖北卫视、《楚天都市报》、《武汉晚报》等湖北省内媒体及人民网、新华网、中国新闻网、新浪网、搜狐网、凤凰网、腾讯网、荆楚网等几百家网络媒体均进行了转载。《光明日报》指出："道德的力量在增长，刘普林式的担当不可无，向刘普林致敬。"湖北省教育厅和共青团湖北省委联合授予刘普林"湖北省自强不息优秀大学生"荣誉称号，共青团湖北省委授予他"湖北青年五四奖章"。

【精神榜样】

作为一名"90后"大学生，刘普林身上展现出了敬老行孝的感恩情怀、体现出了奉献担当的优秀品质，还彰显了艰苦朴素、热爱劳动的传统美德。在他的感召下，武汉理工大学华夏学院的广大同学自发成立了"刘普林学雷锋小组"，践行刘普林精神，继续将这种感恩奉献精神发扬光大。

老吾老，以及人之老

【模范人生】

"老吾老，以及人之老，幼吾幼，以及人之幼！人，终有一老，我非常尊重我养老院里的每一位老人，尽管他们没有一个是健全的。我一直想要建成一个更具规模、管理更加完善的养老机构，要让更多的孤寡残和无人照看的老人住进一个温馨而舒适的家……"这是新疆生产建设兵团农二师 29 团梨华社区安康养老院创办人王丽萍在该团第二十三届"金孔雀"文化节，以"热爱伟大祖国，建设美好家园"为主题巡回演讲大会上的一段讲话。

2006 年 3 月，王丽萍在库尔勒的一所养老院里做护工，在照顾养老院里 12 位老人期间，与老人们建立了深厚的感情。由于家里的果园急需人打理，当王丽萍要离开养老院时老人们依依不舍，流着眼泪挽留王丽萍。看着这些在垂暮之年急需照顾的老人，王丽萍想，不管是学生时期还是在工作岗位上，自己接受了 30 多年党的教育，要让我们做一个对社会有用的人，如果自己能为老人们开办一所养老院，不就是给自己人生一张最好的答卷嘛。

回到家后，王丽萍立即开始筹划办养老院的事，由于缺乏资金，她向亲戚、朋友们借了 2 万元作为启动资金，租下了一个 330 平方米的农家院。

2007 年 7 月，养老院里迎来了第一位老人赵维兰，来自 30 团，72 岁。老人刚来时，由于骨质疏松症和严重的膀胱炎瘫痪在床，说不出话来，不会翻身，吃喝拉撒全在床上，每45分钟就要小便一次，便秘也特别严重，大便不下，痛苦难当。为了减轻老人的痛苦，她用手帮老人抠出大便，及时帮老人买药、喂药，安排可口适宜的饭菜，就这样，经过3年的精心照顾，老人在2009年10月终于能够下床大小便，能够自己洗脸、吃饭，拿着拐杖，慢慢地能走路了。

2008年11月，王丽萍接收了一位来自库尔勒的哑巴老人，已经62岁的哑巴大叔患有智障痴呆症，刚来时，天天尿裤子，不肯换洗衣服，晚上睡觉不脱衣服、鞋袜，臭气熏天。老人听不见，也不会说话，为了跟他沟通，教他正常生活，每天她就琢磨着用各种肢体语言和面部表情跟他沟通，每晚起夜给他盖无数次被子，每天要给他换几次衣服。经过一段时间的训练，哑巴大叔只要看到王丽萍的一个眼神和一个手势，就能知道要做什么了，现在能够主动换洗衣服，床上的被子都能叠得整整齐齐，生活基本能够自理了。

2010年4月，王丽萍接收了一位65岁的阿姨，老人患有间歇性精神病。老人在犯病时，根本不知道自己在做什么，经常把王丽萍按在床上又打、又骂、又掐，在这种情况下，王丽萍总是微笑着，轻声细语地跟老人说："大妈，我每天给你端饭、端茶，病了给你喂水、喂药，我把您当成自己的妈妈，您就把我当成女儿吧，只要能消气，打我、骂我怎么都行。"老人每次一听到王丽萍这么说就会立即停止打骂。王丽萍用微笑、耐心和善待，慢慢地使老人的病情得到了稳定，现在老人说话和做事基本能跟正常人一样了。

王丽萍的母亲在说到王丽萍时，满眼噙着眼泪："丽萍苦呀，没有资金周转，东拼西凑到处借钱，养老院又累又脏的活，甚至雇不起一个护工，夜深人静的时候，她可没少流过眼泪。"

当笔者问到王丽萍受了这么多委屈，想过放弃吗？王丽萍总是笑着说："在我最困难的时候，团党委给我送来了棉被，社区书记和主任给我送煤炭，居委会主任送来了粮食和油，还有来自媒体和社会的捐助，他们是我坚强的后盾，既然开始了这份事业，怀着对生命的尊重和责任，我会尽我自己的一份力量，去实现我的人生价值，也为社会和谐作出自己的一份贡献。"

自创办这个养老院以来，王丽萍前后已接收 30 位生活不能自理及需要托管的老人，她没有让一位老人长过褥疮，没有让一位老人在生活上留下遗憾。

养老院里的故事还在继续着，王丽萍仍然执着地用感恩与责任书写着对生命的热爱与尊重。

【精神榜样】

感恩有时就像一场永不间断的接力赛，接棒的人是幸福的，递棒的人更是乐在其中。一种行为，多人受益！感恩是所有幸福与和谐的源泉，我们所做的一切都源自感恩，最终又归于感恩。如果你想成为一个心里充满快乐的人，那么，你就不要只是等在原地，而要有所行动，去做下一个递棒的人吧！

"绑着"母亲去上课

【模范人生】

陈斌强，生于 1974 年，男，现为浙江磐安县冷水镇中心学校初中语文教师。1983 年 9 月的一天，磐安县安文镇后坞村，陈斌强和姐姐、妹妹得到一个噩耗：父亲遭遇车祸，不幸辞世。那一年，陈斌强才 9 岁。父亲走了，陈斌强是家里唯一的男子汉，从那以后，他就立志用自己的肩膀，承担起这个家的重担。

初中毕业，陈斌强顺利考进了义乌师范学校。为尽快赚钱，减轻压在母亲身上沉重的生活担子，陈斌强一毕业就继承了父亲未竟的事业，扎根山区教育。学校缺体育教师，他就教体育；缺科学教师，他就教科学；缺语文教师，他就教语文……除了英语，其他科他都教过了。

时间飞逝，2007 年 4 月的一个周末，陈斌强闻到母亲身上有一股臭味，就问："妈，您好久没洗澡了吧？"母亲只是迟疑一下，笑了笑没什么反应，他也没往心里去，只是有些猜疑："一向爱干净的妈妈，怎么突然邋遢起来了？"

再后来，母亲的一些症状开始让他担心：本来勤快的妈妈突然变得懒洋洋的，时不时会无缘无故地傻笑，会盯着一个地方看上几个小时。更可怕的是有几次，她竟然找不到回家的路。到医院一查，结果如晴天霹雳：母亲患上了老年痴呆症。

医生的话更是让陈斌强觉得五雷轰顶："这种病目前没有特效药，

并且是不可逆的，也就是说，情况只会越来越糟，而且病人的存活期一般不会很长。"看着苍老痴呆、生活完全不能自理的母亲，他的心都空了。

此时，陈斌强的姐妹都已远嫁他乡，家中还有一个年迈的奶奶，难道就这样让母亲孤独老去？绝不！当时在冷水镇中心学校教书的他作了一个决定：不能扔下母亲不管："妈，儿子背着您教书去！"

可是难题接踵而至，怎么带母亲到学校？母亲随时会大小便失禁，坐公交车不现实。陈斌强有一辆电动车，又怕她坐上去会摔下来。办法只有一个，拿出小时候妈妈曾经用来背过自己的布带，先把母亲绑住，然后再捆在自己身上。就这样，从磐安县城到学校的30多公里道路上，他骑着一辆旧电动车，一根又粗又长的布带将他和妈妈紧紧地系在一起。

为了照顾母亲，除了上课、睡觉，陈斌强和母亲几乎形影不离。学校特批的一间10平方米的房间，就是老人的小家，陈斌强常去陪伴她。他还在墙上贴着一张母亲的作息时间表，一天要帮母亲上7次厕所，其中3次标注的都是同一句话："别忘了，照顾妈妈。"

夜晚的艰辛，外人更是难以体会。每天晚上9点，陈斌强服侍妈妈睡下；凌晨1点，闹钟一响，他就必须准时起床，抱妈妈上厕所；清晨5点闹钟再次响起，又要先将妈妈房间打扫干净，处理好她的大小便；然后一口一口喂她吃饭；早上7点喂过妈妈早饭后，就开始了一天的工作。

有一次，一个学生轻声告诉他："老师，您身上好像有股怪怪的气味。"陈斌强知道，一定是妈妈的大小便沾到自己身上了。这是常有的事，平时他总是换好衣服再去上课，那天时间紧，来不及换衣服，他就匆匆上课去了。

这时学生又紧接着说："老师，没事，这是妈妈的味道。"

听到这句话，陈斌强不禁鼻子一酸，再也忍不住，七尺男儿当着全班学生的面流下了热泪。

妻子见他太辛苦，曾劝说陈斌强将母亲送到养老院，他说："我舍不得。我曾是妈妈的宝贝，现在妈妈是我的宝贝。"如今，母亲的智商仅相当于1岁孩子，一日三餐，他一口一口耐心地喂到母亲嘴里，碰到难咀嚼的食物，自己先嚼烂后，再送到母亲嘴里。每到周五，他会载着母亲回到县城的出租房里，和妻子、儿子团聚。

尽管如此，陈斌强在工作上却丝毫没有懈怠，他教的两个班的语文成绩，连续多年都是当地联考第一名。"孝顺""尽职"，坚守中的陈斌强让人们看到了乡村教师的人性之美和高尚品性。

2012年10月31日，陈斌强调到县城，成为磐安县实验中学的一名教师，这位36岁的孝子终于可以用最方便的方式照料自己的母亲了。有人说，妈妈得了老年痴呆，并不知道陈斌强对她有多好。陈斌强说："她也许不认识我是谁，也叫不出我的名字，但她一定知道，这个人对她好，只要这样就够了。"

【精神榜样】

陈斌强五年如一日，用一根布带绑着患有老年痴呆症的母亲上下班，每周往返于30多公里的山路，其孝心感天动地。陈斌强于2012年被中央电视台评选为感动中国年度人物。感动中国组委会给陈斌强的颁奖词是："小时候，这根布带就是母爱，妈妈用它背着你。长大了，这布带是儿子的深情，你用它背着妈妈。有一天，妈妈的记忆走远了，但爱不会走远，它在儿女的臂膀上一代代传承。"

 **久病床前有孝子**

【模范人生】

在阳朔县葡萄镇大桥村，一提起今年55岁的村民陈连记，村民无不交口称赞。23年来，陈连记悉心照顾81岁高龄的失明养母，不是亲生胜似亲生，在当地传为一段佳话。

陈连记现居住着一座火砖房，房子虽然尚未装修，却收拾得井井有条。陈连记的母亲随夫姓，名叫陈新嫂，今年已有81岁高龄，尽管眼睛已经失明23年，听力却丝毫没有下降，思维比较敏捷，有问有答。

据老人介绍，她以前没能生育孩子，52年前，在一位亲戚的介绍下，便将邻村一个仅有3岁大的男孩过继回来抚养，取名陈连记。于是，一家人风雨相伴几十个春秋，日子过得并不算殷实，却其乐融融。6年前，陈连记的父亲去世，母亲隔了两天没进食，家人无不提心吊胆。

陈连记回忆，养母对其就像亲生儿子一样，小时候，她每逢去赶集，总会买些糖果回来给他解馋。如果时间充足，还会背着他走十几里路去赶集。到了读书年龄，由于当时家里比较穷，母亲便将家里的口粮卖掉，以供陈连记读书。为减轻家里的负担，初中毕业后，陈连记便回家务农。

谈起母亲眼睛失明，陈连记至今仍觉得心痛。23年前，家族里的一位侄女出嫁，吃喜酒时，母亲眼睛突然流泪，顿感疼痛无比，一时难以睁眼。于是，陈连记马上背起母亲去村里的卫生室求治，可由于当时农村的医疗条件有限，无法确证病因，陈连记只好买了一瓶眼药水给母亲浸眼。第二天，母亲的眼睛依然难以睁开。于是，陈连记立即背着母亲前往桂林一家大医院诊治，经过一番检查，却被告知母亲的眼角膜细胞已完全坏死，暂时难以治愈。突如其来的病祸，令全家人伤心不已。

尽管母亲的眼睛失明了，几十年来，陈连记并未因此而放弃过。他四处为母亲寻医问药，只要听说哪里有偏方，陈连记便马不停蹄赶往求助；听闻哪位医生治眼病有高招，他就背上母亲急忙赶去，最远到过柳州。转辗数十载，陈连记背着母亲到过哪些地方治病，他自己也数不清，其间虽然辛苦，他没有丝毫怨言。

起初，陈连记和妻子在广东揭阳市打工，每人每月能挣2000多元，为了照顾母亲，他和妻子毅然辞工回家。一日三餐，陈连记亲自煮熟饭菜，端到母亲手里。如果家里有时没有好菜，陈连记总会煮几个鸡蛋给母亲补充营养。天气热了，陈连记就帮母亲开电风扇散热；天气冷了，他就烧好炭火给母亲取暖，几十年来，这已成为陈连记雷打不动的规律。

母亲眼睛刚失明的时候，陈连记每天清早起床后，时常发现母亲大小便失禁，令他甚感揪心。后来，他索性一到晚上10点钟以后，就守候在母亲房间里。到了凌晨1点钟左右，母亲躺在床上窸窣不已，陈连记便问母亲是否想上厕所，果真如此，他便扶着母亲下床去厕所。如此这般，陈连记在母亲的房间守候了一个星期，掌握了基本规律：母亲每到凌晨1点钟，必须要去趟厕所。于是，每到这时，陈连记便起床提醒母亲上厕所，如此坚持1个月后，母亲养成了习惯，到时就能自行下床上厕所。

此外，但凡有空，只要天气晴好，陈连记总会背着母亲前往村口的大樟树下散散心，晒晒太阳。62岁的村民陈梓来说，陈连记经常背着母亲从其家门口走到村口，来回也有200多米的距离，确实也不容易，令人敬佩。

平时，母亲身体如果感觉不舒服，陈连记便立刻背上母亲前往村卫生室检查。今年1月份，半夜的时候，母亲的肚子突然疼痛起来，陈连记急忙背着母亲飞奔卫生室打针。该村卫生室医师陈帮福介绍，村里的老人一般都待在家里等待医师前去治疗，而陈连记不同，只要母亲有点病痛，总是连忙背起母亲来卫生室，半夜三更也是如此。

陈连记悉心照顾耄耋养母23年的故事，现已在当地流传。该村党支部书记潘良发由衷感叹：陈连记如此孝顺母亲，算是村里独一无二的"孝星模范"。

【精神榜样】

谁说"久病床前无孝子"，陈连记的故事给这句话做了一个反例。十天半月容易，23年如一日难。斗转星移，陈连记20多年来如一日地精心照顾患病母亲，已经成为村里街头巷尾传颂的佳话。邻居们对他赞不绝口，大家在聊天、教育孩子的时候，总是把他当成学习的榜样、孝亲敬老的楷模。他的事迹就像一本书，在村里内广泛颂扬，他的孝心就像一盏灯，为很多人照亮了前行的方向。

把一生献给了学生

【模范人生】

符爱起，一个把自己全部的爱都奉献给学生的好教师将永远活在人们的心中。他因心脏病突发，倒在了高三（14）班的讲台上，年仅45岁。

作为班主任，符爱起每天总是第一个到教室，在教室门口微笑着迎接学生；每天傍晚，总是等所有的学生离开教室，他才回家。乐安二中校长张发平说，乐安二中很多学生的父母都在外地打工，班主任承担了相当部分的家长角色，除了管学生的学习，还要负责学生的生活和掌握学生的思想动态。

符爱起是教物理的，他的课很生动，学生特别爱听。用生活中的常理来讲解每一个抽象的公式。他始终坚信没有教不会的学生，只有教不好的老师。从教20多年，他从不无准备上课，总是在课前认真钻研教材，精心设计每一个教案。

在生活上他对学生也是无微不至，有什么好吃的，他总要和学生们一起分享；哪个学生家庭有困难，他总是想办法帮忙。2001年，符爱起班上有个学生家庭特别困难，打一份菜要分成几顿吃。符老师发现后，便常请她到家里吃饭。2004年，这位学生考取了大学，可其父母在广东租地种菜遭受台风灾害，几乎倾家荡产。得知情况后符爱起带头捐款，并同妻子一起动员其他人为该学生筹集学费。

几年来，符爱起先后资助了十多名像这样家庭贫困的学生，资助金额上万元。

在学生心里，符爱起是一座永远不可攀越的山。他去世的消息传出后，许多他曾经教过的学生从全省各地赶来，自发为他守灵；不能前来的，就通过信件来表达对老师的怀念。乐安二中高三学生曾文静甚至说："如果有来生，我愿意做符爱起的老师，让我关心他，呵护他，为他付出我的全部，甚至我的生命。"

【精神榜样】

符爱起自始至终对工作积极认真，真正做到了"燃烧了自己，照亮了别人"。他用自己的德行赢得了一生的美誉。有时候我们无法选择是贫穷还是富有，是顺利还是坎坷，但我们能够选择去履行那些贯穿于我们职业生涯的职责。无论什么样的工作，只有你辛勤地做，才能够证明自己的人生价值。人的生命价值就在于他职业生涯方面的贡献和成功，生命也会因职业而变得有力和崇高。

居里夫人和欧班老师

【模范人生】

居里夫人是波兰人，是世界上最著名的女科学家，曾经两次获得诺贝尔奖金，被人们尊称为"镭的母亲"。她在取得巨大的成就和受到世人的无限敬仰的同时，首先想到的是自己少年时代教法语的欧班老师，因为居里夫人深深懂得如果当初没有老师细心严格的教诲，自己是不可能取得这样伟大的成就的。

这一天，欧班老师收到一封信，寄信人是"玛丽·居里"。欧班老师简直不敢收下，还以为是邮局弄错了呢！因为这时的居里夫人早已经是一位在全世界都被赞颂的伟大科学家，怎么会给一个又老又穷、默默无闻的农村教师写信呢？欧班老师连连摆手对邮递员说："先生，您一定是弄错了，一定是弄错了，我不可能收到这位名人的来信！"直到送信的人十分肯定收信人没错，她才用不断颤抖的手拆开了信封。

欧班老师觉得这件事情真是难以置信啊！她颤颤巍巍地戴上老花镜，拆开信仔仔细细地读了起来，读着读着，激动的泪水不禁涌出了眼眶，原来写信人竟是她20年前门门功课都考全班第一的小姑娘玛丽亚！居里夫人在信中向欧班老师深表敬意，告诉老师，她一直在法国从事科学研究，并且诚恳地邀请老师能到巴黎做客，细心的居里夫人还把往返的路费一起寄了过来。欧班老师读完了信，呆呆地坐在椅子上，泪水模糊了她的双眼，那个多年前可爱勤奋的小玛丽亚浮现在她的眼前，欧班老师喃喃地说："我竟然教出来了一个这样伟大的科学家。"

过了不久，久别的师生就见面了，居里夫人在家里热情接待了少年时代的老师欧班女士。她亲自下厨房做菜，向老师祝酒。饭后又和老师紧紧挨在一起，亲切地谈心。她使欧班老师忘掉了一切拘束，忘掉了面前是一位诺贝尔奖的获得者。

1932 年 5 月，华沙镭研究所建成了。作为赞助人的居里夫人愉快地接受了祖国的邀请，到华沙去参加开幕式典礼。这天，全世界许多著名人物都簇拥在居里夫人周围，他们中间有国王王后，有许多国家的领导人，有各个领域最著名的科学家，还有居里夫人的亲朋好友。

开幕式马上快要开始的时候，居里夫人不顾众人，忽然从主席台上快步走下来，捧着鲜花穿过人群，来到一位坐在轮椅上的老年妇女面前。居里夫人深情地亲吻了她，轻轻推着她的轮椅向主席台走去。回到台上，居里夫人向大家介绍，这位老人就是自己少年时代的欧班老师。会场里的人见到这情景，都向这师生俩投来羡慕敬佩的目光，全体起立热烈地鼓起掌来。这位 80 岁的老人的脸上挂满了激动幸福的泪水，她的学生成为世界名人之后，对她还是那样热爱，那样尊敬。

【精神榜样】

生命中，父母给了我们身体，老师给了我们知识，朋友给了我们友情，大自然给了我们多姿多彩的风景，社会给了我们成长发展的和平舞台……这些恩情，哪一种不值得我们铭记于心？感恩是人最原始的本能，是作为人最起码应当具备的道德品质。一个世界名人尚且对自己的老师如此心怀感恩，而我们呢，又该用怎样的行动来回报那些含辛茹苦地教育我们的老师呢？

盲人孝子，感恩母亲

【模范人生】

李国峰，宁夏西吉县田坪乡庙山村的盲人。虽然双目失明，但他是一个热情、老实憨厚的农民。从小学习拉板胡、吹笛子的他，靠经营一个小卖部来维持自己和年迈母亲的生活。每当夜幕降临，山沟沟里传出古老的秦腔板胡曲，乡亲们知道这琴声饱含着盲人李国峰感恩孝母一片心。

李国峰3岁时，他的母亲发现孩子的眼睛有问题，到医院检查后医生说孩子是先天性青光眼。为了给孩子治病，父母节衣缩食，卖掉了家里所有值钱的东西，带着国峰到处寻医问药。可去过的医院都无法治好国峰的病，5岁那年，国峰双目失明。

1966年，国峰患重病的父亲拉着儿子的手说："我去世后你要照顾好你母亲……"父亲的去世，就像天塌下了一样，给这个不幸的家庭带来更为沉重的打击。虽然李国峰看不见母亲的表情，但从母亲的话语中感受到了母亲的痛苦和失落。

村上人看他母子可怜，就来帮助照看他们家。但母亲还是因病起不了床。一天，国峰对母亲说："妈啊，我爸去世了，虽然我看不见，但我有两只手，我要学干活儿、学做饭……"从那时起，国峰摸索着取出面粉，盛了碗水，开始和面。这是他平生第一次和面。面多了加水，水多了加面……看着儿子和面的"笨拙"手法，躺在炕上的母亲再也控制不住自己，老泪纵横教儿子学做饭。为了减轻母亲的负担，国峰找到大队干部说自己要干活儿挣工分，大队干部商量后让国峰到队部里打扫卫生，看管粮场。那年他才9岁，干完活儿就摸到小学门前听老师给学生讲课，从教室里传来的读书声他一句句都记在心里。晚上回家后他一边给母亲做饭一边一字一板地背给母亲听。他的母亲含泪鼓励儿子说："我儿子好聪明，将来一定有出息……"

母亲患有关节病，行动不便。为了减轻母亲的负担，国峰拿起"探路棍"，摸索着来到水泉边挑水。当挑着水往回走时，因为路上是陡坡，加上挑着两桶水，他只能一点儿一点儿挪着走。"咣当"，国峰摔倒在坡上，桶里的水洒了个精光。"就是摔断腿也要把水挑回家！"国峰擦掉脸上的泥和泪，摸索着拾起水桶又来到水泉旁。在摔倒了4次后，国峰终于将这担水挑回了家。打那天起，乡亲们每天都能见到国峰往家里挑水。路过的乡亲们见到他，都会主动去接他肩上的担子。国峰对着好心的乡亲说："谢谢大哥、大叔，我慢慢学，我会学会的……"

为了让母亲生活得舒坦一点儿，国峰每天早晨四五点钟起床，用他的"第三只眼睛"——一根伴随了他50多年的榆木棍，去河沟里挑来水，给母亲梳头洗脸、烧火做饭。冬天，家里没有煤烧水，他就在刺骨的冷水里一遍又一遍地洗着母亲的内衣。村民们看到后给他家送来了麦秸，让他烧火做饭，他却舍不得用，而将这些麦秸用来生火。农业合作社时，农闲时候要演出，可是队上没有一个人会拉板胡、吹笛子，每年队上要从外面请乐队。国峰听到后，有了拉板胡、吹笛子的想法。于是，每当听到邻队有演出时国峰总是在伙伴的带领下去听，模仿着学……15岁那年，队上终于成立了样板戏节目班，他第一个报名参加，在老师的指导下他终于学会了拉板胡、吹笛子……

改革开放后，国峰有了新的打算，想在村口开个小卖部，一来能维持生活，二来能照顾好母亲，可国峰是个盲人，能干那种活儿吗？下定决心的他向村里几位老师借了1000元，又从距村里7公里山路的甘肃省省会宁县马路乡集市上买回些货物，小卖部就开张了。

母亲看到儿子这样辛苦，便领着儿子来回熟悉这条 7 公里长的山路，几个月后，国峰终于熟悉了通往山外的路。从此以后，人们经常看见一个盲人拉着一个装满百货的架子车，行走在山间的道路上。

开张售货的小卖部，离不开识别钱币面额和辨别真假货物的问题。他的母亲就成了他的老师。刻苦学习半年后，国峰终于能用手感辨别出大小钱币的面额。每到冬天，国峰的母亲腿疼得要命，国峰虽然看不见，却痛在心里。每天夜里，他便用自己身体的温度给母亲暖病腿。一天夜里，天上飘着大雪，他被母亲突如其来的痛苦声惊醒，顾不得母亲阻拦，国峰拄着木棍深一脚浅一脚地摸进了漆黑的村庄，敲响了村医的家门……

如今，国峰的母亲已经快 80 岁了，国峰每天早上起来先给母亲煮碗面，等母亲吃完后，他的小卖部才开门营业。晚上，母亲坐在床上，儿子拉着板胡，小山沟的琴声传递着盲人孝子的一片情。

感恩回报母爱。如今，盲人国峰一如既往地这样做着。他说，如今母亲老了行走不方便，她老人家放心不下的还是我。老人家一辈子受了不少苦，虽然我看不见，但我一定要将母亲照顾好，让她多活几年。

盲人国峰不畏艰难，照顾母亲几十年，深深感动和影响着周围的人。每逢假期，村里的中学生都要分成几个组轮流到他家帮着干活儿，还给他讲些文化知识和外面的新闻。村子里上了年纪的老人都异口同声夸赞说："国峰虽然双目失明，但他心地善良，孝敬老人，我们经常用国峰的事教育娃娃要像他一样努力学习、孝敬老人。"

【精神榜样】

感恩是发自内心的。俗话说："滴水之恩，当涌泉相报。"更何况父母为你付出的不仅仅是"一滴水"，而是一片汪洋大海。你是否在父母劳累后递上一杯暖茶，在他们生日时递上一张卡片，在他们失落时奉上一番问候与安慰。他们往往为我们倾注了心血、精力，而我们又何曾记得他们的生日，体会他们的劳累，又是否察觉到那缕缕银丝，那一丝丝皱纹。感恩需要你用心去体会，去报答。

"网络妈妈"，别样母爱

【模范人生】

在网络上有一个知心的"网络妈妈"，她借助网络帮助了无数的青少年摆脱了网瘾，帮助无数青少年重拾生活的信心，使无数青少年心底重新充满阳光，这个人就是刘焕荣。

但是谁也不曾想到，帮助别人摆脱困境的人，自己也曾是一个不曾得到上帝眷顾的人。刘焕荣童年时期遭遇的一场意外大火，不仅使她失去了美丽的容颜，还给她留下了终身的残疾。但每天晚上，她都会坐在电脑前，用她伤残的手夹着笔艰难地敲打着键盘，在 QQ 里和网友谈人生、谈理想，无怨无悔地帮助一个个在网络世界里迷失了方向的年轻朋友走出了困惑，重燃起生活的希望。

江苏连云港市一名高三的学生，由于学习成绩不好，经常遭到姑姑的责骂。刘焕荣在聊天中给予他许多关心和爱护，使他越来越信任她、依赖她。在一次聊天中，刘焕荣向这个孩子讲述了自己的真实故事，孩子深受感动，当即向她保证不再沉湎于游戏。在刘焕荣耐心的劝说和鼓励下，这名学生的成绩渐渐地好了起来。刘焕荣说："'救救孩子'的呼唤，让我真切地感受到肩上沉甸甸的责任，我将尽最大的努力帮助那些沉迷于网络不能自拔的孩子。"

刘焕荣救助的南昌市初二学生小强说："'网络妈妈'比我的亲妈妈还要亲！"事情是这样的，小强由于沉迷于网络游戏而被学校开除，父母对他失去了信心，但是刘焕荣并没有放弃。在刘焕荣的鼓励和支持下小强决心重返学校上课，但遭到了学校的拒绝。得知此事之后的刘焕荣顾不得自己腿疾未愈，亲自赶到南昌帮助小强重返校园。刘焕荣曾说："网络使我变得充实而美丽。尽力去帮助那些需要帮助的人，让我体会到内心异常的快乐。"

2003 年以来，刘焕荣在"网络妈妈"论坛发帖 1400 多篇，发电子邮件 100 多封，写书信 152 封，成功地帮助了 340 多位青少年解除了网瘾。从这之后，越来越多的人加入"网络妈妈"志愿者行列，她的事迹在全国引起了强烈反响，被人们誉为"网络妈妈"。

刘焕荣说："社会给予我一份爱，我就把她作为扬起生命风帆的动力，把她化为一份力量，回报社会。"

【精神榜样】

古罗马斯多葛派哲学家们曾经说过："没有卑微的工作，只有卑微的工作态度。"如果一个人轻视他自己的工作，那么他就会将自己的工作做得一团糟。如果一个人认为他的工作辛苦、烦闷，那么他也绝不会做好工作，在这一工作岗位上也无法发挥他内在的特长。其实任何一种工作都有它存在的价值，最重要的是我们能否保持一颗感恩的心，去积极探索这份工作的价值所在。当我们怀揣感恩地投入工作，我们会对工作产生一种虔诚的谦卑之心，我们会看到工作的意义和价值，我们也会看到自己的工作将会给别人带来什么样的帮助和便利，当看着别人在享受自己的工作成果并且面露欣喜之时，我们的内心就会产生强烈的成就感和满足感，进而感受到无比的快乐。

"编外政委" 刘俊丽

【模范人生】

刘俊丽，女，1960 年出生，沧州市运河区白官屯村居民。自 1981 年至今，她 27 年如一日，积极履行爱国拥军义务，先后拿出近 30 万元，免费为官兵开办服装裁剪班、照相、帮扶困难军属和优抚对象，在技术拥军、物质拥军、文化拥军和思想生活帮教等方面做了大量有益的工作，被部队官兵亲切地称为"兵妈妈"和"编外政委"。《沧州日报》《沧州晚报》、河北电视台、《战友报》《解放军报》先后从不同角度对她的事迹作了多篇感人的报道，在全省内外树起了一面拥军优属的旗帜。

1981 年，刘俊丽创办了沧州市白官屯青年裁剪学校，因为距离部队近，经常有战士拿着衣裤来她这儿缝缝补补。随着上门的战士逐渐增多，刘俊丽拥军的热情也越来越高，产生了把裁剪学校开到军营的想法。通过和部队进行沟通，获得了部队领导的大力支持。就这样，她自己购置教学工具，付出大量心血和汗水，免费为数百名部队战士进行了裁剪培训。

1989 年，刘俊丽改行干起了摄影，她给自己的照相馆取名拥军基地照相馆，并且定下了军人及军属照相一律半价的规矩。不仅如此，每年新兵入营、老兵退伍，刘俊丽不管多忙都会推掉生意，走进军营免费为战士们照相，这一干就坚持了近 20 年。据统计，多年来她仅用在免费为官兵照相上的投入就达 20 多万元。在此期间，她继续坚持以前的作风，不但免费为部队官兵照相，还免费向官兵们传授摄影技术。

通过她的培训，掌握了一技之长的战士们在退伍回家后创立了自己的事业，发家致富改善了生活。

在20多年的拥军路上，刘俊丽始终像对待自己的孩子一样关心战士们的生活。她不仅教战士们学技术，还关心战士们的饮食起居，为了让战士们吃好，她积极帮助部队搞副食生产，曾经自己出钱买了20多只羊送给部队，大大改善了部队的伙食自给能力。不仅如此，她对战士们的思想动态也格外关心，战士们在生活上遇到了困难或是有什么想不通的事儿都爱找她说，她被部队官兵们誉为"编外政委"。

刘俊丽的拥军事迹感动了全社会，在全市、全省乃至全国都产生了极大的影响。多年来，党和政府授予了她多项荣誉，她先后27次被评为省、市、区"三八红旗手"，"河北省拥军模范""河北省国防之星"和"河北省国防教育先进个人"等荣誉称号，并被推选为运河区政协常委、沧州市人大代表。2005年7月她被全国双拥领导小组、中共中央宣传部、中央文明办、国家民政部、中国人民解放军总政治部共同授予"军民共建社会主义精神文明先进个人"荣誉称号。日前，她还成功入选了由全国妇联与新华社等16家单位联合举办的第三届"中国百名优秀母亲"评选。

2007年11月20日是刘俊丽儿子的婚期，正赶上运河区的十七大精神宣讲活动迎接省宣讲团调研，刘俊丽被选为模范市民代表参加座谈。她把前来祝贺的亲朋好友放在一边，坚持出席座谈会并作了发言，受到了省、市领导的称赞。在日常生活中，刘俊丽还是个极富爱心的人，经常积极参与社会公益事业。刘俊丽经常说，家人的支持理解和各级领导的关怀让她坚定了自己的选择。最近，她又有了一个新的心愿：建一个"拥军港湾"，为战士们当红娘、找工作，解决他们的后顾之忧，成为战士们第二个温馨的家，让母爱在这里延续。

【精神榜样】

默默奉献是一种高尚的品德，是无声无息积极地为他人、为集体、为社会做出有益的事情；是相互关爱、相互理解、相互支持的桥梁和纽带。我们青少年应该首先养成一种观念：从奉献中获得快乐。一般人是从贪欲中去追求快乐，从个人自私中去占有快乐，从物质享受中去寻找快乐。而要想获得内心真正的平衡，一定要扫除自私自利的观念，净化自己的身心，改变自己的气质，充实自己的思想，从奉献中获得快乐。

第二章

所忧在万人，人实我宁空

县委书记的好榜样

【模范人生】

焦裕禄出生在一个贫苦家庭。抗日战争初期，日寇、汉奸和国民党反动派对劳动人民的剥削和压迫越来越残酷，焦裕禄同志家中的生活越来越困难。在抗日战争最艰苦的年代里，他的父亲焦方田走投无路，被逼上吊自杀。日伪统治时期，焦裕禄同志曾多次被日寇抓去毒打、坐牢，后又被押送到抚顺煤矿当苦工。焦裕禄同志忍受不了日寇的残害，于1943年秋天逃出虎口，回到家中。后因无法生活下去，又逃到江苏省宿迁县，给一家姓胡的地主打了两年长工。

1945年抗日战争胜利后，焦裕禄从宿迁县回到了自己的家乡。虽然当时他的家乡还没有解放，但是共产党已经在这里领导群众进行革命活动，焦裕禄主动要求当了民兵，并参加了解放博山县城的战斗。1946年1月，焦裕禄在本村参加中国共产党。不久，他正式在本县区武装部从事领导民兵的工作，后又调到山东渤海地区参加土地改革复查工作，曾担任组长。

解放战争后期，焦裕禄随军到了河南，分配到尉氏县工作，一直到1951年。他先后担任过副区长、区长、区委副书记、青年团县委副书记等职。而后，又先后调到青年团陈留地委工作和青年团郑州地委工作，担任过团地委宣传部长、第二副书记等职。1953年6月，焦裕禄担任洛阳矿山机器制造厂车间主任，后又担任科长。1962年6月，为了加强农村工作，焦裕禄又调回尉氏县，任县委书记处书记。同年12月，焦裕禄调到兰考县，先后任县委第二书记、书记。

焦裕禄当上兰考县委书记的第一年，正是这个地区遭受连续 3 年自然灾害较严重的一年。面对危害老百姓生产生活的三大灾害——内涝、风沙、盐碱，他带领全县人民全身心投入封沙、治水、改地斗争。他身先士卒、以身作则，风沙最大的时候，带头去查风口，探流沙；大雨瓢泼的时候，他带头踏着齐腰深的洪水察看洪水流势；风雪铺天盖地的时候，他率领干部访贫问苦，登门为群众送救济粮款。他经常钻进农民的草庵、牛棚，同普通农民同吃同住同劳动。

他忍着肝病的折磨，靠着自行车和铁脚板跋涉 5000 多里，对全县 149 个生产大队中的 120 多个进行走访，把所有的风口、沙丘、河渠逐个丈量、编号、绘图，制定了治理"三害"的科学规划。有时肝区疼得直不起腰、骑不了车、拿不住笔仍然坚守岗位冲在一线。他总是在群众最困难、最需要帮助的时候出现在群众面前。他心里装着全县人民，唯独没有自己。

1964 年 5 月 14 日，焦裕禄被肝癌夺去了生命，年仅 42 岁。他临终前对组织上唯一的要求，就是他死后"把我运回兰考，埋在沙堆上。活着我没有治好沙丘，死了也要看着你们把沙丘治好"。1966 年 2 月，新华社播发长篇通讯《县委书记的好榜样——焦裕禄》，全面介绍了焦裕禄的感人事迹。他被誉为"县委书记的榜样"。

【精神榜样】

全心全意为人民服务是焦裕禄精神的实质。作为一名共产党员，焦裕禄同志对人民群众怀有非常深厚的感情，他心里时刻装着老百姓，在工作中认真履行职责，想群众之所想，急群众之所急，奉献自己的一生，努力为群众办实事、办好事，真正代表了老百姓的利益，以自己的实际行动践行了党全心全意为人民服务的宗旨。作为一名党员干部，就要像焦裕禄同志那样，牢记党的宗旨，立足本职岗位，扎扎实实工作，为群众搞好服务。

一辈子的坚守

【模范人生】

　　杨善洲，男，汉族，1927 年生，中共党员，生前系云南省保山市原地委书记。杨善洲同志几十年如一日，无论是在职期间还是退休以后，他始终坚守共产党人的精神家园，把党和群众的利益放在个人利益前面，淡泊名利，始终公而忘私、廉洁奉公，永葆一名优秀共产党员的本色。

　　从担任县领导到地委书记，杨善洲从 20 多岁起就把自己的根牢牢扎在群众之中。他一年里大部分时间都在乡下跑，很少待在地委机关。保山有 5 个县，99 个乡，每一个乡都留下了杨善洲的脚印。龙陵县木城乡不通公路，是最远的一个乡。他上任不久，便徒步 4 天进入木城乡。为提高亩产解决群众温饱，他亲自试验"三岔九垄"插秧法。直到现在，保山当地群众插秧还沿用这个方法。他还推动了"坡地改梯田"、改籼稻为粳稻等各种试验田。1978—1981 年，保山的水稻单产在全省一直排第一。1980 年，全国农业会议在保山召开，保山获得"滇西粮仓"的美誉，杨善洲则被人们称为"粮书记"。

　　工作 35 年来，杨善洲始终艰苦朴素，两袖清风，常年住在办公室旁一间 10 平方米的小屋里，从不占公家一点儿便宜。他下乡，总像一个三人战斗小组，司机、秘书，一辆 212 吉普车，其他随员一个不要。上路，直奔田头。碰上饭点，老百姓吃什么，他吃什么，吃完结账，绝无例外。走到哪里，看到困难的人家缺衣少被，遇上哪个群众买种子、买牲口少钱，他就从自己兜里往外掏。有人劝他不必，他说："我是这里的书记，老百姓有困难，我能看着不管吗？"

1988年6月，杨善洲从保山地委书记岗位上退休，为实践"帮家乡办点实事"和"只要生命不结束，服务人民不停止"的诺言，他婉拒到昆明安享晚年的邀请，执意回到家乡施甸县义务植树造林。他把建林场与造福群众结合起来，每年无偿为村民提供林柴，为6个自然村修通了公路，为8个自然村架通了生产生活用电，促进了当地群众脱贫致富。他常常替困难群众买粮食、种子、衣被，先后向省外灾区和为地方经济社会发展捐款20多万元。艰苦创业20多年，使7.2万亩昔日山秃水枯的大亮山重披绿装，活立木蓄积量经济价值超过了3亿元，同时极大改善了当地的生态环境。2009年4月，82岁的杨善洲将大亮山林场经营管理权无偿移交给国家，并且谢绝当地政府的奖励。

杨善洲同志的先进事迹赢得了社会各界的高度评价。胡锦涛总书记作出重要指示："杨善洲同志是党员干部的学习楷模，是离退休老同志的优秀代表。他一辈子忠于党的事业，一辈子全心全意为群众谋利益。他的模范事迹和崇高精神感人至深。每一个党员干部特别是领导干部都要向他学习，自觉加强党性修养，自觉实践党的宗旨，努力做人民满意的好党员、好干部。"他获得"全国绿化奖章""首届中华环境奖提名奖"，荣获"全国绿化十大标兵""全国环境保护杰出贡献者""全国优秀共产党员"等荣誉称号。

【精神榜样】

杨善洲一辈子忠诚党的事业，践行党的宗旨；一辈子严于律己，淡泊名利；一辈子以身作则，艰苦创业；一辈子坚守共产党人的精神家园，为党和人民奉献了一辈子。杨善洲的事迹也启发我们：人活一生，并不是非要做出惊天动地的大事才有意义，我们不能使自己伟大，但可以让自己崇高，平凡的工作岗位同样能够体现一个人的价值，忠于自己的本职，尽最大努力对社会作出奉献，就是一个了不起的人。

压不弯的脊梁

【模范人生】

2003 年 2 月 24 日清晨，新疆西南部的巴楚县琼库尔恰克乡吐格曼贝希村，达吾提·阿西木给妻子和孙子准备好早餐以后，就向村委会赶去。当他走出家门不到百米，一阵闷雷般的响声突然袭来，大地在短促而沉闷的响声之后猛然震颤起来。顷刻之间，几乎所有的居民房屋夷为平地。

这一天，新疆喀什地区发生里氏 6.8 级强烈地震，琼库尔恰克乡正位于震中位置。从惊恐中清醒过来的达吾提·阿西木立即往回跑，却发现自己家的大院和房屋已成了平地。他立刻趴下身子，用尽全力刨挖着残砖断瓦。老伴、儿子、儿媳、孙子陆续被找到，但他们已经永远地离开了他。

然而，作为村党支部书记的达吾提·阿西木，来不及多看几眼遇难的亲人，就立刻召集起村干部、党员和民兵，在断壁颓垣之间，挨家挨户搜寻生命的迹象。整整一天，达吾提·阿西木带领党员和民兵在废墟底下一共救出来 97 个人。直到所有的家庭都搜救完毕，达吾提·阿西木才拖着疲惫的脚步回到已成为废墟的家里，面对满目疮痍的家园和逝去的亲人默默流泪。

灾情牵动着中南海和全国各地。国务院总理温家宝亲临灾区视察，专程看望了达吾提·阿西木。短短几天之内，救援部队纷纷赶来，大批物资源源不断地运到灾民手中。藏起对逝去亲人的怀念，达吾提·

阿西木带领着乡亲们开始了灾区重建工作。为了让失去家园的乡亲们能够尽快住上舒适的房子，达吾提·阿西木费尽了心思。一块砖头、一根木料，他都要亲自过问。他就一个想法，一定要让家乡尽快从废墟上重新建立起来，而且一定要建得更好！

在党和政府的领导下，达吾提·阿西木带领村民在半年的时间里建好了抗震房，村民都搬进了新家。随后，他又带领村民全力恢复生产。地震后的第一个冬天，达吾提·阿西木带着党员和村干部买回了20多台拖拉机、推土机，村里先前高低不平的2000亩二类田，很快变成了百亩一片的条田。2004年，达吾提·阿西木带领村民确定了吐格曼贝希村农业、园艺、畜牧"三足"鼎力的产业结构。通过一年多的努力，吐格曼贝希村成为全乡第一个养牛专业村。在乡亲们心中，达吾提·阿西木就是重建家园的脊梁。

如今在吐格曼贝希村，要不是设在这里的"巴楚抗震纪念馆"里保存着地震时震倒的水塔，已经丝毫看不出这里曾遭受过毁灭性的地震灾害。四通八达的柏油路把巴楚县和各乡及各村连接在了一起。地震后新植的杨树随着笔直、平坦的大路延伸，如今已蔚然成林。道路两旁大面积的条田通向远方。高耸的杨树下，白色的院墙相连，院子里，彩钢板房或是木板夹芯房整洁宽敞。

在地震过后的6年时间里，达吾提·阿西木带领村民踏上了寻求脱贫致富的路子。如今的吐格曼贝希村已经实现了农业机械化，很多年轻人不用再种地，而是到其他地方打工赚钱。2009年，全村人均收入由地震前的1120元增加到5120元，林果面积由2002年的400亩增加到1800亩，集体经济收入由2.1万元猛增到了30万元，村民过上了富足和谐的新生活。在村民眼里，达吾提·阿西木是创新致富的主心骨，他做的好事就像果园里的葡萄，一提就是一大串。

【精神榜样】

他本是最应该表达悲痛的人，但他隐藏起最深重的悲痛；他本是最应该获得别人安慰的人，但他紧握心灵的伤口，以无私的奉献精神去安慰别人。他以一个共产党员对群众朴素的感情，在百姓中传播着温暖；他以舍我其谁的气魄，在危难的时候担当起百姓的精神支柱；他在废墟中挺起脊梁，他的坚强和无私为刚刚经历了噩梦的村民们撑起重建家园的希望。他的所作所为永远值得我们敬重。

"太行公仆"吴金印

【模范人生】

吴金印，男，1942年出生，汉族，河南省新乡市人，中共党员。吴金印18岁加入中国共产党，26岁走上乡镇主要领导岗位，当了36年的乡镇党委书记，始终安心乡镇工作。在卫辉市狮豹头公社工作十多年间，他在群众家住了7年，在治水工地住了8年，带领群众打通6个山洞，筑起85道大坝，建起25座水库和蓄水池，架起8座公路大桥，营造良田2400亩，植树20多万株，使一穷二白的山区发生了巨大变化。

1987年，调任唐庄乡党委书记，他带领群众建起了万亩林果园、万亩蔬菜田，兴办了无氧铜杆厂、电工厂、水泥厂等企业，使唐庄乡插上了腾飞的翅膀。2008年，唐庄实现工业固定资产投资3.7亿元，工农业总产值10.65亿元，一般预算收入3810万元，农民人均纯收入达到4760元。

40多年来，吴金印主动放弃组织上调他到上级机关工作的机会，深深扎根基层，与群众同甘共苦，忠于党的事业，不计名利，不怕艰苦，带领群众脱贫致富，在平凡的工作岗位上做出了优异的成绩，树立起了基层党员干部的良好形象，赢得了人民群众的拥护和爱戴。他被誉为"乡镇党委书记的榜样"。

"老百姓养一头猪，一年能挣几百元，养一只鸡，一年能攒一罐鸡蛋。咱们当干部的，吃的是人民的粮食，花的是人民的税收，如果不替人民办事，还不如一头猪、一只鸡!"这是吴金印的名言。

吴金印凡事以身作则。修桥筑路时，他跟小伙子比着干；开沟造田时，他和民工们一同吃住在工地；建蔬菜温室大棚时，他搬砖运泥。凤翅山开发时，指挥部的20多名机关干部全部吃住在工地，吴金印也和大家一样，将铺盖卷搬到工地，白天他和大家一起劳动，夜里就在四面透风的陋室中住宿。

毕竟年龄不饶人，不服输的吴金印开始面临疾病的伤痛。2001年12月，他突感下腹疼痛，便血。体力不支的他不动声色地把镇班子成员召集在一起："我到北京跑招商的事，你们在家把工作安排好。"下午4时，他离开唐庄镇，次日凌晨2点乘火车赶到北京，并以最快的速度在北京医科大学附属医院接受肾摘除手术。术后3天他就要求出院。出院后的第一天，他就忍着伤痛出现在凤翅山的工地上。

古人说："其身正，不令而行；其身不正，虽令不从。"以身作则是最好的领导方式。他深深地感动着每一个人。大家觉得吴书记都那么大年纪了，劲头还那么大，自己没有理由不把工作做好。

吴金印对人民有着深厚的感情。当年他刚到唐庄时，唐庄老百姓生活很苦，吃的是野菜，住的是土窑洞。有些群众因为家里生活困难，不得已外迁。外迁前到坟地，给祖先的坟头烧把纸，回来把家里所有东西往车上一装，走的时候全村老百姓都出来送他们，一家人都哭，全村人也哭。

这个场景深深地刺痛了他，每次想起，他都满含热泪。他说："我们农村领导干部，吃的粮是农民种的，拿的工资也是靠农民交的税。在工作上要是不给群众办事，不带领农民致富，对不起人民啊。"为了使农民群众脱贫致富，他几十年如一日，从未停止过奉献的脚步。

老百姓心中有杆秤。后沟村57岁的村民张希温写了一篇名为《十唱吴书记》的唱词，表达对吴金印的质朴情怀，吴金印不让唱。狮豹头、唐庄的群众几次为他立碑，都被他给撤了。羊湾村的群众怕他再撤碑，就把碑文刻在了太行山的峭壁上。大山为他作证，他的名字早已刻在了人民的心中。

【精神榜样】

吴金印是一个始终与人民站在一起的人。他一心一意为人民谋利益，时刻关心群众疾苦，为民、爱民，和群众心连心，成为民众的主心骨和奔向致富道路的带头人；他一身正气，实干奉献，为民众做出榜样；他办实事，讲真话，真诚待人，成为民众最信任的人；他淡泊名利，忍辱负重，坚忍不拔，展示了一个强者的风范。从他的身上充分体现了只有一心为民，才能万众一心。

执政为民的草鞋书记

【模范人生】

他是一个像山一样坚忍的土家汉子，带领 5 万多父老乡亲艰苦奋斗了 16 年，终于摆脱贫困，走上了富裕之路；他是一个土生土长的大山之子，始终用山一般的情怀把群众的冷暖系在心头，用责任和爱心架起了一座通往千家万户的桥梁。他就是湖北省恩施土家族苗族自治州建始县官店镇党委书记刘银昌。

刘银昌的工作间就在山间地头、农民家里，因为总走山路，刘银昌的两个大口袋里总是装着烤土豆，烤玉米，走得饿了就吃几口，渴了就把嘴凑到石头缝里喝山泉。正是这位"草鞋书记"组织过一场场开发大战，留下了一次开发战役吃掉 1 万多公斤洋芋、挖断 187 把锄头的故事；他带领群众用国家不到 1000 万元的投入，在官店新修公路 600 多公里，发展高效经济林和用材林 27 万亩，使全镇 90% 的农户通上了电，80% 的农户解决了饮水问题。官店这个有名的"吃饭靠救济、用钱靠贷款"的小镇如今人均纯收入由 233 元增加到 2300 元，人均粮食占有量由不足 300 公斤上升到 700 公斤。1998 年来，刘银昌先后 11 次被上级党组织评为先进工作者，19 次被评为优秀共产党员，先后被中组部评为"全国优秀乡镇党委书记"和"全国优秀党务工作者"。

大山里的公路又窄又险，刘银昌曾 8 次遭遇翻车，8 次与死神擦肩而过，其中 3 次是给农民送种子和薄膜。

这就是草鞋书记刘银昌，一个往来于村组农户、每年要在农家劳动100多天的乡官；一个深爱着大山、一辈子扎根高山、为民奔忙的乡镇党委书记。

【精神榜样】

刘银昌的奉献无声地挥洒在村组农户、高山小路。奉献是一种基本的职业操守，是一种忠于使命的精神，是一种源自内心的价值观，是一种完美的执行力，是一种积极主动的意识，是一种优秀人性的升华；是一种拒绝借口的态度，是一种重视结果的责任，是一种蔑视困难和问题的心志，是一种高效完成任务的策略，是一种无往不胜的竞争力，是一种迈向成功的模式。所以刘银昌一辈子扎根高山，无怨无悔。

俯首甘为孺子牛

【模范人生】

牛玉儒1952年出生于内蒙古自治区通辽市一个革命干部家庭。他历任内蒙古自治区纪委秘书长、内蒙古自治区政府秘书长、内蒙古自治区包头市市委副书记。1997年4月，在内蒙古自治区包头市人大十届五次会议上他当选为市长。2001年2月，他任内蒙古自治区副主席。2003年4月，他任内蒙古自治区党委常委，呼和浩特市市委书记。

在呼市与牛玉儒共事过的人谈起他，最突出的印象就是"有激情"，用内蒙古自治区党委书记储波的话说，牛玉儒是个"自加压力、不留余地、奋力前行"的人。果不其然，从一上任开始，他就倾尽全力为呼市的发展干实事，既运筹帷幄又冲锋陷阵。

二话没说就从内蒙古自治区来到呼市的牛玉儒，深知自己肩上是副重担。呼市虽是自治区首府城市，但多年来在经济实力、城市建设、干部素质等方面的情况并不尽如人意。

"包头像深圳，呼市像村镇"——这些流传民间的段子，透露出呼市人对自己城市状态的不满意和不甘心。"呼市要在内蒙古自治区争做'老大'，要在西部12个省会、首府城市中一争高低"——这是内蒙古自治区党委书记储波代表区党委对呼市发展提出的期许。牛玉儒感到一种时不我待的紧迫。牛玉儒认为科学发展观的第一要义是经济发展，根据呼市市情，要做大做强经济总量，寻求新的经济增长点，突破口只能是"引企、引资、引智"。

见多识广、朋友遍及全国的牛玉儒，义不容辞地助阵呼市的招商引资。翻开他的工作日志，仔细算算，他在呼市上任不到 500 天里，竟有 200 多天在外出差，以致连储波都戏称他是"空中飞人"。仅看看他今年 3 月 20 日到 23 日的行程：从呼市经北京到成都，再到珠海、深圳，而后又经北京到银川、乌海回呼市——牛玉儒 4 天跑了 5 个城市，从南到北行程万余公里，考察了 4 家著名企业和 2 个城市。

这样的工作节奏，对牛玉儒来说是司空见惯的。李理说，牛书记外出，吃饭经常在路边小饭馆，住和我们一样的普通房间，什么都不讲究，就是一门心思地谈工作。这种勤政、务实、高效打动了众多客商。来自中国台湾的内蒙古合谦电子有限公司总经理曹睦欣告诉记者，呼市虽不是做高新电子产业的成熟地区，但他们还是选择了这里："并不是牛书记给我们更多的优惠条件。"曹睦欣坦言，比牛玉儒表态更好的还有，但牛玉儒提供的是最具体的措施和帮助，"而且，只要答应的就一定做到。"

在牛玉儒的带领下，呼市党委、政府一班人，以真诚、热情和实实在在的服务，创造了良好的投资环境，使呼市赢得内外客商的青睐。台湾汉鼎、香港兴达、浙江华门、四川新希望、石家庄制药、三联化工等一大批企业相继落户。仅今年上半年，呼市就引进区内外项目 102 项，引进资金 63 亿多元。全市的经济社会发展也显现良好势头。

权力对一个人的诱惑和腐蚀，可能比任何东西都来得巨大。面对时时刻刻的"大考"，牛玉儒始终记着他的老父亲，一位普通老党员对他的叮嘱："玉儒，你是为人民服务的，亲戚骂你没关系，老百姓信任你就好……"

为了保持这股正气，牛玉儒不得不定了许多死板的规矩。比如，他的家里绝不接待亲属之外的客人，不管他在不在家，他不允许属下干部到家里谈工作。来了，也不开门。真有事，他宁肯自己从家里回办公室接待你，司机陈磊说，这种情况常有。

他更不收受任何人的礼物，不仅家里人，连秘书、司机等身边工作人员他都反复交代。陈磊刚一调来，牛玉儒就告诉他在外边不管参加什么活动，不管是谁，也不管是什么东西，一律挡住，不许装到车上。

牛玉儒在包头当了 5 年市长，震后重建他主持搞了一大批工程，"他没在工程承包上批过一张条子，打过一个电话。"当时的市政府秘书长、现在的包头市副市长程刚说起牛玉儒，有一种发自内心的敬佩，"除了出差的机票、住宿等，他没报过任何其他开销。"

每天不停地超负荷运转，牛玉儒一直精神抖擞，外人看来，他像一台动力十足的高速发动机。只有妻子谢莉知道，丈夫已经累到骨子里。很多次，她准备好热水，等着为深夜回家的丈夫烫烫脚、去去乏，可就在她去端水的这点工夫，丈夫已经和衣躺倒睡着了。"我只能就这么让他睡着给他擦把脸、洗洗脚。"

他的身体也不断向他抗议，胃痛、发烧、尿血……但他吃点药就又忙去了。谢莉看在眼里，疼在心上，谢莉气他、怨他、劝他，但无可奈何。不管她怎么说，丈夫对付她的就是一招："再干几年退休了，我整天休息，咱们开车周游全国，好好玩……"妻子愿意等，但病魔不等。2004 年 4 月 22 日，正在呼市"两会"期间，牛玉儒突发肝区疼痛，李理力劝把他送去医院检查。诊断结果让他惊呆了——结肠癌肝转移，晚期。"两会"一闭幕，牛玉儒被送到北京协和医院。5 月 3 日，做了结肠切除手术。不知实情的牛玉儒给自己订的计划是 3 天下地，7 天拆线，15 天后回去工作。

前两项他如期做到了，看着已经开始准备出院的丈夫，谢莉只好对他说："玉儒，咱还走不了，手术后切片化验你结肠上的息肉有癌细胞，必须化疗。"对这种病和这种治疗略知一二的人都知道这是一个多么痛苦的过程。但牛玉儒从不喊一声疼，叫一声苦，他强忍着一切不适，吃饭，锻炼，希望"我很快要回去工作"。直到现在，家人和身边工作人员还在疑惑，牛玉儒到底对自己的病情知道多少？若是真明白自己已经病在不治，时日无多，为什么还一直那么达观，那么忘我地工作？

"以牛玉儒的智商，他不可能不知道自己的病情。"十分了解也非常欣赏牛玉儒的储波书记如此判定。他说："面对生死的时候，最能看出一个人的精神境界。"牛玉儒的境界是一息尚存，工作不停。病房成了他的第二办公室，除了躺在床上不能出去，牛玉儒几乎和过去没啥不同，从早到晚还是那么忙。

很快病情急转直下，牛玉儒进入了弥留时刻。8月10日下午，他似乎醒来了一瞬，看着妻子，他嚅动着双唇，想说却什么也没说出来，眼眶里溢满了泪水。谢莉实在不甘心丈夫这样一句话不说就离开自己，她和儿女围在床边一遍又一遍地叫他、喊他，他却浑然不知。12日早上，谢莉忽然闪过一个念头，她偎在丈夫的耳边轻轻地喊："玉儒，玉儒，8点半了，要开会了。"牛玉儒竟真的动了，眼皮一颤一颤地使劲儿，终于睁开了眼睛——这是他投向世界的最后一线光芒……2004年8月14日，牛玉儒病逝北京，终年51岁。

牛玉儒同志的一生是奋斗的一生，光辉的一生，奉献的一生。他的英年早逝，使内蒙古失去了一位优秀的民族干部，使全区各族人民失去了一个好儿子。

【精神榜样】

牛玉儒用他的一生诠释了"奉献"二字的内涵。他的生命虽然短暂，但千山万水、万里云天，雄鹰为他矫健，春风为他鼓荡，哈达为他礼赞。牛玉儒化作了白云，化作了大山，化作了星斗。不，他还是他，一腔赤热，一往情深，一身清新，一生如虹。牛玉儒，你属于草原，属于中国，属于激情燃烧的时代！我们要说，草原的路有多长，各族人民对你的眷恋就有多长，无论你走到什么地方，其实，永远没有走出草原这顶母亲的毡房……

朱快乐的快乐人生

【模范人生】

　　10 年间，在瓜洲镇的这片荒滩上崛起了一个农民人均 GDP 超过扬州全市平均水平 1000 多元的"富裕村"——建华村，建华村的老百姓都清楚，那是朱快乐的功劳。朱快乐用他朴素而颇具实效的治村理念，让建华村 1000 多户农民走上了幸福的康庄大道，也走进了全国人民的视野。

　　朱快乐梦想中的建华村应该像江阴华西村一样，是个有影响力的"中心村"。于是，从 1996 年起，他带着一帮村干部潜心落实"中心村"计划。他将"中心村"的宏图安在了五金弹簧厂周围的一大片荒塘上，并自掏 50 多万元，把塘填了起来。接下来的几年，朱快乐又出资 600 多万元用于修路建桥、办学校、建农贸市场，发展基础配套设施。基础设施完善了，300 多户村民开始向中心村动迁，在这里建别墅、开饭店、开商店。不久，超市、银行、种子站等也相继落户。朱快乐梦里的"中心村"初具规模，大策划赢得好口碑。

　　朱快乐对村民的奉献是无私的，他会半夜冒雨去给双腿残疾的杨老汉修房子；他会拿着别人母亲的病理档案，去找了一个苏北医院的肝病专家开一服药，让老太太竟奇迹般地康复；村里有个特困户，出了名的不勤快，落实帮扶对象时，村干部一个都不肯去，朱快乐却主动与他挂了钩。

　　朱快乐是新世纪农村干部的一面旗帜，他不是富豪，却慷慨地把自己几乎所有积蓄都用于建华村的建设。自己留下的却那么有限：家里没有一张存折；因常年操劳疾病缠身，长期失眠、神经衰弱。因为，在朱快乐看来，只要村里人快乐，他就会快乐。

【精神榜样】

　　奉献源于一种利他的自觉性，是一种主动自愿的、不计回报的行为。朱快乐在奉献中收获了许许多多的快乐，在自己的岗位上兢兢业业，乐于奉献，不仅自己内心获得成就和满足感，而且能找到生活的意义和真谛。所以平时我们要把工作看成一种享受，从中感受幸福和快乐。

援藏干部的楷模

【模范人生】

孔繁森，1944 年出生，聊城市堂邑五里墩村人。1961 年 7 月应征入伍，1966 年 9 月加入中国共产党，1968 年复员回到聊城。1975 年 3 月，任中共聊城地委宣传部副部长。1979 年，国家要从内地抽调一批干部到西藏工作，时任中共聊城地委宣传部副部长的孔繁森主动报名，并写下了"是七尺男儿生能舍己，作千秋鬼雄死不还乡"的条幅。这是孔繁森第一次赴西藏工作，担任日喀则地区岗巴县委副书记。在岗巴工作 3 年，孔繁森跑遍了全县的乡村、牧区，与藏族群众结下了深厚的友谊。

1988 年，山东省再次选派进藏干部，组织上认为孔繁森在政治上成熟，又有在藏工作经验，便决定让他带队第二次赴藏工作。进藏后，孔繁森担任拉萨市副市长，分管文教、卫生和民政工作。到任仅 4 个月的时间，他就跑遍了全市 8 个县区所有的公办学校和一半以上的村办小学，为发展少数民族的教育事业奔波操劳。了解到农牧区缺医少药的情况后，他每次下乡时都特地带一个医疗箱，买上数百元的常用药，工作之余就为农牧民群众认真地听诊、把脉、发药、打针，直到小药箱空了为止。

1992 年，拉萨市黑竹、工卡等县发生地震，拉萨市副市长孔繁森赶赴灾区。在那里，他收养了 12 岁、7 岁和 5 岁的 3 个孤儿曲尼、曲印和贡桑。孔繁森将他们带回拉萨，照管他们的生活，教他们读书识字，夜里就同孩子们挤在一张大床上睡觉。年幼的孩子常在夜里尿床，他就不厌其烦地换洗床单。节假日只要有空，他就带上他们逛公园、逛商店，给他们买衣物。

孔繁森虽然是副市长，但他每次下乡总要带些自己的钱给生活困难的乡亲，往往一月刚过半，工资就花光了，有时连伙食费也不够交。为了不让孩子们受苦，他悄悄地来到西藏军区总医院血库，要求献血。护士认为他年纪已大，不适合献血，他就恳求护士："我家里孩子多，负担重，急需要钱，请帮个忙吧！"

1992 年年底，孔繁森第二次调藏工作期满，西藏自治区党委决定任命他为阿里地委书记，这一任命意味着孔繁森将继续留在西藏工作，面对人生之路又一次重大选择，他毫不犹豫地服从了党的决定。

阿里地处西藏自治区的西北部，平均海拔 4500 米，被称为"世界屋脊的屋脊"。阿里的面积相当于两个山东省，而人口仅 6 万人，地广人稀，这里长年气温零摄氏度以下，最低温度达零下 40 多摄氏度，每年七八级大风占 140 天以上，恶劣的自然环境、艰苦的生活条件使许多人望而却步。

为了摸清实际情况，他深入调查研究。不到两年的时间，他跑遍了全地区 106 个乡中的 98 个。阿里是西藏最偏僻和平均海拔最高的地区，外出时常常一天也看不到一个人影。他们饿了就吃口风干的牛羊肉，渴了就喝口山上流下来的雪水。旅途虽然艰苦，孔繁森却充满乐观，并风趣地对随行人员说："快尝尝，这是上等的矿泉水，高原没有污染，等我们开发出来了，让外国人花美元来买！"

1994 年，阿里地区遭遇罕见的暴风雪。为了组织抢险救灾，孔繁森每天都工作到凌晨。2 月 26 日凌晨 2 点多，他感到心跳加快、胸闷气短，便挣扎着给同行的小梁写了一封短短的遗书交代后事："小梁，……万一我发生不幸，千万不能让我的老母亲、家属和孩子知道，请你每月以我的名义给家里写一封报平安的信……我在哪里发生不幸，就把我埋在哪里。"经过两个多月的艰苦奋战，阿里人民终于战胜了这场罕见的雪灾，全地区没有冻死、饿死一个人，而孔繁森同志的头发变成了灰白。

在孔繁森的勤奋努力下，阿里经济有了较快的发展。1994 年，全地区国民生产总值超过 1.8 亿元，比上年增长 37.5%；国民收入超过 1.1 亿元，比上年增长 6.7%。为了把阿里地区的经济带上新台阶，他制定出规划，准备在最有潜力的边贸、旅游等方面下功夫。为此，他带领有关部门，亲自到新疆塔城进行边贸考察。1994 年 11 月 29 日，他完成任务返回阿里途中不幸发生车祸，以身殉职，时年 50 岁。人们在料理孔繁森的后事时看到两件遗物：一是他仅有的 8 块 6 毛钱；一是他去世前 4 天写的关于发展阿里经济的 12 条建议。这就是孔繁森留下的全部遗产。

【精神榜样】

孔繁森同志是在新的历史时期成长起来的优秀干部代表。人们之所以怀念孔繁森，是因为尽管改革开放后时代发生了很大变化，但他仍能高扬理想和信念的旗帜，满怀无私奉献的高尚情怀，恪守与人民患难与共的清贫，淡泊名利，他的一身浩然正气令人敬仰。那些经不起执政和改革开放考验，经不起权力、金钱、美色诱惑的人，与孔繁森同志相比，他们显得多么渺小与卑劣！祖国崛起大计正需要千千万万个孔繁森这样的好干部为人民建功立业。

"种菜大王" 王乐义

【模范人生】

　　王乐义，男，1941 年生，山东寿光人，1965 年加入中国共产党。1978 年 9 月，三元朱村换届改选，全村 15 名党员异口同声，一致推举 37 岁的王乐义当村党支部书记。那年春天，王乐义被诊断得了直肠癌，公社出钱为他做了肛门改道手术，腰上挂了个粪袋子，生活起居不便。王乐义说："我是个随时都可能撂倒的半拉子人，但我绝不是随时都会放弃奋斗的人。我不知道我能活几年，但我知道活一年就要把这一年的活儿干好，能活 10 年就干 10 年！"

　　当时的三元朱村还是一片贫瘠的土地，种菜菜不长，种粮粮不收，村民连肚子都填不饱。三元朱村的地大都在东、南、西 3 个埠子岭上，土质差，而且缺水。要想拔掉"穷根"，让群众过上好日子，必须先从 3 个埠子岭开刀。王乐义硬撑着病体，带领支部一班人和全体村民大干 3 个冬天，前后打了两眼井，栽了 400 多亩果树，分到各家各户。3 年见果，4 年有效益，5 年大丰收。当时果品市场很走俏，仅此一项，亩产效益就达到上千元。到 1986 年，村里最多的户年收入达到 5000 元。仅果树一项，全村人均就可得 300 元，解决了温饱问题。

　　王乐义意识到要让农民收入再上台阶，必须再向土地要财富，让土地生金。1989 年，王乐义开始搞大棚菜试验，但用煤炉升温投入大、效益差，他苦苦思索大棚革新的办法。参照从外地学来的经验，王乐义对本村大棚进行了 4 项技术改革：一是把墙体从原来的 30 厘米加厚到1米，这样可以挡住北方地区冬季凛冽的寒风。二是把两个山墙直线形的斜坡改为中间起高的拱形，让大棚薄膜中间往外凸起，前后坡度由25度增加到45度，增大采光面。三是采用无滴膜，透光率由45%增大到85%。四是把大棚的方位由正南方改为朝南偏西5度。就这样王乐义研制成功了我国北方深冬不需加温的冬暖式蔬菜大棚技术。

但在推广这一技术时，面对每个大棚5000多元的初期投入，村民们都被吓住了。王乐义召开了支部大会，17名党员干部率先建起17个示范大棚。1990年春节前夕，大棚到了收获时节，17个党员干部户均收入2万多元，个个成了先富典型。17个大棚像17面旗帜，使三元朱村村民们看到了方向和希望。1991年，支部未进行任何发动，村民争先恐后建起180多个大棚，户均1亩多，亩均年收益3万多元。

随着大棚技术的推广，村民遇到了新的难题：家家户户的小生产难以与千变万化的大市场连接起来，"卖菜难"困扰了村民。王乐义一边组织骨干营销人员四处开拓市场，一边着手组织一个能将农民与市场联系起来的"龙头"企业。1998年，三元朱村与港商办起一家合资企业，实行公司带基地、基地带农户、农户不承担风险的做法，由公司集中销售蔬菜，形成了产销一体化的模式，使三元朱村的蔬菜畅销海内外。

王乐义的发明能为他带来巨额财富，他却无私奉献，甘守清贫。"王乐义之所以受人爱戴，是因为他高尚的人格魅力和无私奉献的精神。"寿光市委书记徐振溪说。作为冬暖式蔬菜大棚的创始人，王乐义的名字就是一笔很大的无形资产，2001年7月，"乐义"蔬菜在国家工商总局注册。近几年，"乐义"品牌应用到了更多领域，除了绿色蔬菜，还有复合肥、塑料薄膜等，合作单位多的给30%的股份，少的也不低于15%。专家们估算，仅这三大块，这个牌子的价值就过亿元。但王乐义对乡亲们明确表态："这个分红的钱我一分不拿，全部是乡亲们的！是乡亲们培育了这个品牌，收益理应属于整个三元朱。"

河南省西平县盆尧乡是王乐义多次去过的地方，在王乐义的帮助下，盆尧乡成为河南省无公害蔬菜生产基地，并注册了"盆尧"牌蔬菜商标。盆尧乡党委书记李新国曾问王乐义："您这样毫无保留地帮助我们发展蔬菜，难道就不怕我们抢了你们的饭碗吗?"王乐义说："能让全国更多的农民兄弟靠种菜富起来，是我最大的心愿。""钱这东西，看重了是命，看轻了是纸，但一个共产党员的责任比什么都重!"李新国说："从王乐义身上，我看到了一名共产党员的博大胸怀!"

【精神榜样】

"做人就应该做王乐义那样的人。"村里老人教育后生们时总说这样一句话。渊博的科技知识、高尚的人格、无私奉献的精神，使王乐义成为村里威信最高的人，也成为村民学习的榜样。我们青少年学习王乐义，就是要学习他依靠科学、不断进取、牢记宗旨、无私奉献的精神，将自己的人生价值奉献在祖国和人民的伟大事业中。

民心所向铸丰碑

【模范人生】

谷文昌，男，汉族，生于 1915 年，河南省林州市人，中共党员。1955 年谷文昌任福建省东山县县委书记。当时的东山县是一个非常贫困的海岛县，风沙肆虐，台风频至，自然环境极其严酷；再加上国民党反动派撤退时的恶意破坏，抓壮丁，掠财物，更使这里的百姓十家九空，一贫如洗，生计非常艰难，到处是一派破败的景象。

因为离台湾岛较近，1950 年 5 月，解放前夕的东山岛遭受了一场史无前例的"兵灾"：溃败的国民党残余部队从东山抓走了 4700 多名青壮丁去台湾。这些人的家属就成了"敌伪家属"。一方面是失去亲人的老幼妇孺；另一方面是阶级斗争的急风暴雨，如何对待他们成为一道难题。

在县委会上，谷文昌阐明了自己的看法：共产党员要敢于面对实际，对人民负责。谷文昌及其战友们以其超人的政治胆识与智慧，将他们改为"兵灾家属"。这一改，就把近 5000 个家庭及与之相牵连的 2 万人划到人民的阵营里来。之后，他不仅带领人民参加"东山战斗"，反击蒋匪，走合作化道路；更重要的是顶住各种压力，坚定不移地带领干部群众一步步把东山县人民引上幸福之路。

作为县委书记，他是东山县最大的官。但他从来不拿自己当官看。出差、开会、办事，他总是告诫身边的随行人员，咱们是贫困县，靠国家的救济生活，财政拮据，百姓很苦，一定要节约。有一次，地委召集开会，他带病参加，咳嗽不止，他总住最简陋的旅店房间，吃最便宜的伙食。省地委领导要他按照县委书记应该享有的标准，搬到条件稍好的房间去住，他仍坚持不搬。

他的爱人史英萍也是南下干部，20世纪50年代组织上要提拔她当副县长，他坚决不同意；60年代调整工资，名额有限，他又说服爱人把名额让给别人。为了下乡工作方便，公家给他分配一辆自行车。有一天，他看见女儿学骑这辆车子，就严厉地批评女儿，说这是公车，绝对不能私用。

他的工资都补贴了公务不足，或给穷苦百姓救了急。有一次，为了公家的事，请人吃饭，花了几十元钱，他也不许用公款出账，而是自己拿钱补了。他常说："当领导的要先把自己的手洗干净，把自己的腰杆挺直。"他一去世，家人便根据他的遗言，把为了办公而装在家里的电话拆了，交还公家。

谷文昌办的最大的实事是绿化东山岛。东山岛东南部原有3.5万多亩荒沙滩，狂风起时飞沙侵袭村庄和田园。谷文昌到东山后下定决心要率领群众战胜风沙，他发出誓言："如不制服风沙，就让风沙把我埋掉。"他带领干部群众在全县掀起轰轰烈烈、扎扎实实的全民造林运动。至1964年，全县造林8.2万亩，400多座小山丘和3万多亩荒沙滩基本完成绿化，194公里的海岸线筑起了"绿色长城"。

他一心为民着想。人民生活贫困，他围海造田，兴修盐场；海岛干旱，他率领人民兴修水利；百姓交通不便，他开辟了几十里的公路；东山没有文娱场所，他多方筹资建起了剧场、影院；为了让群众听到广播，他亲自出面请盐场赞助，东山成了当时福建省第一个村村通广播的县。他骑着自行车，带着锄头，哪里是百姓最关心的地方，他就在哪里现场办公。他把一把锄头整整磨短了5厘米，锄把换了3根。在他的带领下，实现粮食亩产过千斤，群众称他为"谷满仓"。

离开东山后，谷文昌历任福建省林业厅副厅长、龙溪地区林业局局长、农办主任等职务。1981年1月，66岁的谷文昌因患癌症永远停止了呼吸。离世前，他表达了最后的心愿："把我送回东山，东山是我的家。"他死后，当地老百姓称他为"谷恩公"。逢年过节，总要先给他烧上一炷高香，叫作"先祭谷公，再祭祖宗"。老百姓说，谷文昌心中有人民，东山人民心中也有他。

【精神榜样】

谷文昌的名字一直铭刻在人民心中，并没有因为他的去世而泯灭，也没有因为岁月的流逝而淡忘。他和东山县人民共同创造的业绩，至今在东山大地上闪耀着熠熠光辉。他所表现出来的立党为公、执政为民的奉献精神，艰苦奋斗的作风，求真务实的科学态度，以一名全心全意为人民服务的共产党人的形象，在人民群众中树立起了一座不朽的丰碑。

大草原上的月光

【模范人生】

廷·巴特尔，男，1955 年出生，蒙古族，辽宁省沈阳市人，中共党员。1974 年，高中毕业的廷·巴特尔到内蒙古锡林郭勒盟阿巴嘎旗洪格尔高勒苏木萨如拉图亚嘎查插队当知青。在这里，他感受到了牧民热情、淳朴背后那份真挚的感情。有一次天黑，他外出工作来到一户牧民家，牧民将仅有的面条端给他吃，而只让孩子们喝面汤。这件事情深深地打动了廷·巴特尔，他决心回报牧民、回报草原。

很快，廷·巴特尔学会了打草、放羊、剪羊毛、种树、开拖拉机。他样样干得起劲儿，样样干得出色，成了全嘎查 40 多名知青的标兵，并先后担任农场负责人和林场场长。牧民们都很喜爱、信赖他。1976 年，21 岁的廷·巴特尔由于表现突出、工作出色，光荣地加入了中国共产党。

他的父亲廷懋是 1955 年授衔的少将。十一届三中全会后，知青大返城。父亲廷懋出任内蒙古军区政委、自治区党委第二书记，正好负责落实政策和知青返城工作。人们都说，廷·巴特尔肯定是第一个回城的。但是，廷·巴特尔一次次将机会拱手相让，最后他一个人留在了草原。

在牧区，他是牧民的带头人，是牧民的主心骨，牧民们相信他，离不开他，他也离不开牧民。后来，廷·巴特尔与牧民姑娘额尔登其木格相恋、结婚，彻底将根扎在了草原。牧民把他选为嘎查长，又任嘎查书记，之后，他多次谢绝了组织上给予他回城、提干的机会。

萨如拉图亚嘎查如今水草丰美，是当地生态条件最好的村庄。然而，在20世纪80年代，因为过度放牧，造成草场严重沙化，直接导致了牧区的贫困。1993年，廷·巴特尔当选为萨如拉嘎查党支部书记，成了村里的"一把手"。廷·巴特尔之所以受到嘎查牧民的衷心拥戴，不光是他作为高干子弟留在草原不回城，更重要的是他党性强、人品好、脑子灵，有能力带领大家发家致富。

廷·巴特尔开始带领牧民改变传统的生产方式，由原来的养羊改成了养牛。"5只羊的价值顶1头牛，1头牛1张嘴、1个肚子，而5只羊是5张嘴、5个肚子。我们家的羊由30来只发展到300多只以后草场就受到严重破坏，不容易恢复了。恢复不了草场，就得压缩羊只。"

廷·巴特尔决定推行他的"减羊增牛"计划，并把自家的6000亩草场用围栏围起来，分成9个小的草场，牛羊按照季节进行轮流放牧。通过"围栏轮牧"和"减羊增牛"，廷·巴特尔家的收入不断增加，排在了村里的前列，他们家的草场也成了村里最好的。看到支书家的变化，牧民们也跟着学习养肉牛、养奶牛，还创造了"远放近养"的生产方式。

在廷·巴特尔的带领下，萨如拉图亚的草场生态进入了良性循环，牧民的收入也不断提高。村里建立了集中收购牛奶的奶站，仅靠挤卖牛奶一项，牧民的收入比原来增加了一半。到2008年年底，萨如拉图亚嘎查100%的牧户实现定居，并拥有了棚圈，草场全部实现划区轮牧，嘎查人均收入达到1.3万元，由原来的贫困村变成远近闻名的富裕村。

在廷懋将军退休时，上级为他在北京建了房，老人希望廷·巴特尔和他一起去北京生活，并为他联系了工作。廷·巴特尔却说："我文化程度低，进了城你给安排个好工作，我也干不下去。而我留在草原，可以修拖拉机、开汽车、搞牧业生产，牧民离不开我，我也离不开牧民。"

在蒙古族的语言里，"自然村落"叫作嘎查。萨如拉图亚，汉语的意思就是月光。牧民们认为廷·巴特尔就是月光，他给牧区带来一片文明的亮光、希望的亮光。多年来，廷·巴特尔不仅带领牧民走上了富裕的道路，还改变了牧民落后的生活习惯，教他们跳舞、读书、讲卫生，提高牧民的生活质量。

"月亮将太阳的光辉洒向草原，廷·巴特尔将共产党的恩情带给人民。"牧民们这样说。

【精神榜样】

廷·巴特尔说："人的价值，并不在于有多大的名，生活多么富有，而在于能否深深扎根于群众，为他们多办一些实事好事，得到群众的真心拥戴。"他本可以选择另一条生活道路，回到城市里从政、经商，或坐办公室，但他义无反顾地留在了草原深处，成为牧民的贴心人、致富的带头人，成为真正的草原巴特尔（英雄）。他的精神必将在越来越多像他那样乐于奉献的人中进一步发扬光大。

 **百姓心中永远的丰碑**

【模范人生】

邓平寿，男，汉族，生于 1955 年，重庆市梁平县人。1975 年的夏天，刚刚 20 岁的邓平寿，正是个干劲十足的热血青年。当时他的入党宣言是："我入党以后，一定要向刘胡兰、杨子荣等英雄学习，学习他们专拣重担挑在肩，一不怕苦、二不怕死的彻底革命精神。我要求入党，不是为了名誉好听，不是为了给人民当老爷，而是为了把自己的一切交给党安排。党叫我干啥就干啥，做一颗永不生锈的螺丝钉，为共产主义而努力奋斗。"

32 年里，一心为民办实事的邓平寿，无愧于他入党时写下的话。

1978 年，23 岁的邓平寿从一个农民成为波漩乡的团干部。1992 年，他当上了虎城镇镇长。1998 年，他担任虎城镇党委书记。30 多年中，邓平寿扎根偏远艰苦农村，始终牢记党的宗旨，以强烈的事业心和责任感，扎根基层、真抓实干，创造性地开发农村特色产业，一心一意为群众办实事，使当地经济得到了迅速发展，被群众亲切地称为"草鞋书记""田坎书记""农民书记"。

他带领干部职工多方筹资，组织群众硬化了 48 条 108 公里村级公路，还在各村建起标准卫生室。他聘请专家传授技术，发展壮大柚子、蚕桑等支柱产业，全镇蜜柚和蚕桑年收入达到 500 万元。他任虎城镇主要领导 15 年，全镇农业总产值增长 8 倍，工业总产值增长 6 倍多，地区生产总值增长 3 倍多；农民纯收入增长 5 倍，达到 3000 元，高于全县平均水平，成为重庆最早实现"自来水、电、电视、程控电话、硬化公路"五通的乡镇。

邓平寿的民心完全是用双脚量出来的。虎城镇的男女老少都认得这位"田坎书记"。在邓平寿的挎包里，还有三样下村不离身的"宝"：桑剪、嫁接刀和蚕药。看到哪个农民挑担子，他会接过去帮着挑一肩；看到哪个农民在给桑树剪枝，他会摸出剪刀来帮着剪一阵子。"邓书记最大的特点是没架子。老百姓做啥子，他就做啥子，上前帮一把。这样的干部，哪个不喜欢？"认识邓平寿的人都这么说。

2002年腊月十一傍晚，邓平寿到村里检查了一天工作刚回到镇里，忽然觉得胸口闷得很，还没来得及坐下来歇口气，一口鲜血喷了出来。镇干部连忙把他送到县医院检查，发现肺部异常。后来转到重庆医科大学附属医院治疗，医生在他的胸肋下取出了一个半斤重的瘤子，切除了一叶肺。

手术3天后，邓平寿从监护室出来。住在医院里，邓平寿想的全是镇里公路硬化的事情。腊月二十一，手术7天后，他不顾医生的劝阻，回到虎城，住在办公室楼上的寝室里，一边输液，一边工作。邓平寿常对女儿说，拿了国家的钱，吃着政府的饭，就要老老实实干好工作，不能忘本。

2007年1月17日，邓平寿准备动手术。手术前，他用微弱的声音断断续续地说："不要给组织添麻烦，帮我把党费交了……"2月1日，邓平寿永远地离开了我们。他去世前，给后人留下的最后一句话是："老百姓是我们的衣食父母，我们只有好好干，才对得起他们。"闻者无不动容。

新华网网民"往事并不如烟"在帖文中写道："平凡的人、平凡的岗位、平凡的事迹，却能产生如此多的感动，或许只因为他心系老百姓，心中真正装着入党誓词！邓平寿的精神永垂不朽！"

【精神榜样】

虽然没有惊天动地的成绩，但邓平寿做到了一个基层干部应该做到却难以企及的事：走进了老百姓的心里。我们的事业，需要的就是像邓平寿这样的基层干部。他胸怀百姓，脚踏实地。经济发展落后的时候，他高瞻远瞩，带领大家发展经济；老百姓遇到困难的时候，他挺身而出，慷慨解囊。他扎根基层32年，用一生的奉献回报党和人民对他的信任。从他身上，我们看到了光芒，这光芒温暖了虎城大地，也激励着后继者继续前行。

五十年红旗不倒

【模范人生】

他的名字在 20 世纪 50 年代就响遍全国；新中国成立后至 21 世纪初，在历次全国劳模评选中，他都榜上有名；他曾受到毛泽东、邓小平、江泽民、胡锦涛等党和国家领导人的多次接见，仅毛泽东主席就先后 9 次接见过他；他 16 次进京参加国庆观礼，4 次当选中共全国代表大会代表，7 次当选全国人大代表并 4 次担任全国人大常委；他的名字与雷锋、焦裕禄、王进喜、钱学森并列，被中组部誉为"新中国成立以来在群众中享有崇高威望的共产党员的优秀代表"……

他就是河南省新乡市七里营镇刘庄村原党委书记史来贺。是他将一个当初穷得叮当响的小村庄，建设成了"红色亿元村"。1952 年 12 月，年仅 21 岁的史来贺当选刘庄村党支部书记，挑起了带领全村人治穷致富的重担。从任村支书的那天起，他就立下誓言："跟党走，拔掉穷根，让老百姓过上好日子！"从 1953 年开始，史来贺带领刘庄人车推、肩挑、人抬，起岗填沟，拉沙盖碱，用了整整 20 年，把刘庄周围 750 多块凹凸不平的"盐碱洼""蛤蟆窝"荒地改造成了现代化农业园区。他潜心研究棉花种植经验，使皮棉平均亩产量达到当时全国平均产量的 3 倍，刘庄也因此一跃成为全国的先进典型。

随后，史来贺带领刘庄人兴办起畜牧场，成为刘庄发展商品经济的突破口。为了让刘庄群众富起来，史来贺又向工业挺进，兴办起机械厂。接着，史来贺带领刘庄人又陆续建起了食品厂、造纸厂、淀粉厂等。刘庄村办企业的发展，既有效地解决了剩余劳动力问题，也为集体积累了越来越多的财富。运用新掌握的领导科学和管理知识，史来贺带领刘庄形成了以农促工、以工建农、农工商并举的商品经济的新格局。十一届三中全会以后，史来贺带领群众向高科技进军，建起全国最大的生产肌苷的华星药厂。华星药厂于1986年正式投产，1988年产值就超过3000万元，肌苷产量占全国的一半以上。

2003年史来贺去世以后，在刘庄，村民已经全部搬进了史来贺生前设计的每户472平方米的新型农民别墅；新建了现代化教育园区，村民子女从幼儿园到高中全部实行免费教育；健全了社会保障体系，退休人员除享受49项公共福利外，每人每月发放退休金，未成年人每月发放生活补助；全村群众由集体出资全部参加了新型农村合作医疗，除享受国家各项优惠政策外，医疗费用全部报销，真正实现了学有所教、病有所医、老有所养、住有所居。

史来贺凡事总是先为群众着想，宁肯自己吃亏也不让群众吃亏，成了他多年的习惯。史来贺一直按群众的平均水平拿工分，上级规定给干部的补贴，他一个也不要。1965年，他任县委副书记，县里开始给他发工资。这时候刘庄的分配水平还不高，史来贺把县里发的工资交到村里，和村民一样挣工分。刘庄的分配水平大幅度提高以后，史来贺又放弃了拿村里的分配，开始拿起了县里的工资。

1976年，史来贺带领村民自筹资金，要给每家每户盖成独门独户的二层小楼。在历尽千辛万苦之后，第一批新房建成了。村民们让建房出力最大、操心最多的史来贺先搬进去住。史来贺召开大会说："搬新房先群众，后干部。群众中谁住房困难谁先搬。"就这样，盖好一批，搬进一批。直到6年以后，史来贺才和最后5户一起搬进新居。

吃苦在前，享受在后，群众的利益高于自己的利益。"政之所兴，在顺民心"，为民所想，必然受民爱戴。史来贺在群众中有威信、有号召力，大伙服他、爱他、知他、敬他。群众相信他，因为他爱民。

【精神榜样】

50年，他的身体从未离开过农村，心灵也未离开过群众；50年，他一身正气，两袖清风；50年，他撑起来做一把伞，为民遮风挡雨；蹲下去做一头牛，为民鞠躬尽瘁，他铸就了一座巍峨高耸的爱民丰碑。他不仅在刘庄老百姓中有口皆碑，他的名字在广大农民中、在全社会家喻户晓，他以他的务实与奉献赢得了全社会的敬仰。他不仅是所有人学习的榜样，更是一生为民服务的典范。

第三章

投我以木桃，报之以琼瑶

机械工业战线的排头兵

【模范人生】

马恒昌，1907 年生于辽宁省辽阳市，16 岁进厂给日本人当学徒。后来，因手艺超群，他被国民党联合勤务总部所辖的"五〇四"汽车厂（后沈阳第五机械厂）招收为车工。1948 年，马恒昌秘密加入了党组织并被推举为车工一组的组长。此时平津、淮海两大战役还在进行之中，前线急需武器。一次，工厂把修复 17 门高炮闭锁机的任务交给了车工一组。

当时外面敌机轰炸，炸弹在车间旁爆炸，马恒昌手不离摇把，仍然坚守着岗位。他的模范行动感染着身边的组员，他们日夜奋战，最后提前 5 天完成了闭锁机的修复任务，有效地扼制了国民党反动派的轰炸，为解放战争的胜利作出了巨大贡献。

1949 年初春，为了更有力地支援解放战争，马恒昌带领车工一组向全厂发出了开展迎接红五月劳动竞赛的倡议，得到了全厂 50 多个班组的热烈响应。竞赛中，马恒昌启发大家靠技术革新实现竞赛目标，创优质、夺高产，夺优胜锦旗。他率先带头成功革新了斜度板胎具，提高了工效 3.1 倍。

1949 年 4 月 28 日，马恒昌所在的沈阳第五机械厂召开了竞赛表彰大会，车工一组获得"生产竞赛模范班"的红旗，工厂党组织还以马恒昌的名字为小组命名。从此，马恒昌的名字就与他的小组永远联系在一起。仅 6 个月时间，马恒昌小组就改造工卡具 18 种，工效提高

1~3倍，10名组员8个月内先后加入了中国共产党。

1950年，美国发动侵朝战争，严重威胁着我国的安全。沈阳第五机器厂的一部分北迁到齐齐哈尔建新厂。马恒昌小组冒着严寒，争分夺秒，抢运机器，迅速开工生产出支援前线的物资。1951年1月17日，马恒昌小组通过《工人日报》向全国职工发出了开展爱国主义劳动竞赛的倡议，得到了全国各地1.8万个班组的积极响应。

"向马恒昌小组学习""做马恒昌小组式班组"成为当时我国工人运动的新热潮，有力推动了国民经济的恢复和发展，极大地推动了抗美援朝战争的全面胜利。这一年，马恒昌小组提前两个半月完成国家任务，创造了69项新纪录，产品质量合格率为99.61%。马恒昌小组的英雄业绩不仅为广大志愿军指战员深知，该小组还受到了金日成同志的褒奖。

1951年，马恒昌被选拔为中华全国总工会劳动部副部长。1952年10月，马恒昌作为赴朝慰问团第七分团的副团长到朝鲜前线慰问志愿军战士。当马恒昌报告了全国工人阶级在"马恒昌小组运动"中取得的成果时，战士们欢呼雀跃。在炮火硝烟弥漫的朝鲜战场上，有200多位志愿军和朝鲜人民军将士写信表示支持和响应"马恒昌小组运动"倡议，有的甚至写了血书。

马恒昌一生克己奉公，廉洁自律。他对自己、对家人的要求达到近乎苛刻的程度。他立下了一条规矩：在个人利益和荣誉面前，不张口、不伸手、不搞特殊化，始终把自己当成一名普通工人。正是基于这样朴素的认识，他的女儿与其他工人家的子女一样上山下乡，一干就是8年；他的小女儿在家待业，一待就是四五年；他家住着十几平方米的平房，旁边是臭水沟和厕所，夏天气味难闻，开不了窗户，而他一住就是30多年，他说："人家都能住，我为什么不能住？"

1985年，马恒昌患病在京住院期间，家人也在齐二机床厂的安排下来京，按医院规定的探视时间分别来病房探视。他发现了这一情况，有些不安甚至生气了，告诉老伴让他的儿女们都回去："厂里给我看病都花好几台床子了，不该再让企业浪费钱财了。"1985年5月，癌症晚期的马恒昌在北京友谊医院住院，他对在身边护理的子女说："北京不能再待了，花钱太多了，领导说是不怕花钱，但那都是工人的血汗钱。"这是马恒昌第一次不服从组织的决定。

【精神榜样】

马恒昌的精神历久弥新。60年来，马恒昌带领工人以胸怀全局、艰苦创业、勇于创新、无私奉献的精神，为社会主义建设与改革开放事业作出了突出贡献。他为我们树立了学习的榜样，让我们明白奉献是为了国家、社会、组织和他人利益而自觉自愿牺牲自身利益的一种精神，当人们乐于为周围的人提供帮助，奉献就会成为多数人的自觉行为，它会形成一种链条式的传递。

困难是工作的礼物

【模范人生】

刘博涛，北京亨得利钟表公司的普通店员，五一劳动奖章获得者，还多次被评为公司的"经济技术创新标兵"。

从小就喜欢摆弄手表的刘博涛，如愿以偿地得到了在著名的亨得利钟表公司上班的机会。他对工作认真负责，凭借出色的业绩和良好的工作态度，成为大客户经理。

一次，有一位内蒙古顾客从刘博涛这儿买了块手表，但是没过多久，这位客人就打电话过来声称手表坏了。刚买不久就出现了问题，顾客心里肯定会很有怨气，再说了找不到表出故障的原因所在，刘博涛心里也不舒坦。于是，刘博涛建议这位顾客把表拿回来，还顾客一个交代，也给自己一个明白。顾客把表拿过来之后，细心的刘博涛发现表在质量上没有问题，原因出在顾客把表和带磁的东西放在一起，而影响了表的正常使用。修完表后，刘博涛还细致地给顾客讲了表在使用和维护方面的知识。刘博涛的耐心和热情感动了顾客，顾客临走时拿出 1 万元现金给刘博涛，但刘博涛说："为顾客解决问题是我的本职工作，这是我的责任。"于是他坚决拒绝了顾客的现金馈赠，但是，从此这位顾客成了刘博涛的好朋友。

还有一次，一个脾气暴躁的顾客，因为表链出了问题而大发雷霆并扬言要摔表，刘博涛对其好言相劝，并耐心地和顾客进行沟通协商，最终以向总店申请 3000 元的新表链，才安抚了这位顾客，妥善地处理了问题。

在店里，有许多顾客都是跟着刘博涛走，刘博涛被调到哪个店里，顾客就到哪个店里买东西。2007年刘博涛创下1.8亿元的业内营业额的最高水平。

在二十几年来的营业员生涯中，刘博涛遇到各种各样的情况已是不可胜数，面对不同的考验，刘博涛总是能够冷静下来，耐心地为顾客解决问题，因为在刘博涛的心里，在工作中遇到任何困难，都是对自己的一种考验，都是一次锻炼的机会。因此，在工作中，刘博涛始终对工作怀抱一颗感恩之心，认真地对待工作中出现的每一个问题，把工作看成礼物，把工作中遇到的困难当成是积累经验和增长专业技能的机会。这样一来，在工作中刘博涛不仅增长了工作经验和技能，也积累了相当多的人脉关系。

【精神榜样】

青少年们终有一天要走出校园，走向各类工作岗位，要知道每一份工作都是在为成功积聚资本，每一份工作都为我们提供了广阔的发展空间，为我们提供了发挥才华的舞台，即使工作环境不尽如人意，但工作中总有许多宝贵的经验和资源，使我们能够从成功中收获喜悦和成长机会，从失败中吸取经验和教训。这对我们来说，是一笔极为宝贵的财富。所以，无论对于何种工作都要心怀感激，努力工作以回报工作带给我们的一切，你付出得越多，从工作中学到的也就越多，你的工作也会做得更加出色。

感恩奉献写青春

【模范人生】

程军荣，一个普通的农家子弟，一个很偶然的机会被招进了中国人民解放军第 5311 工厂。起初他只是一个农民工，只能在车间做一些搬运工作，即便是这样，程军荣仍然很珍惜这份工作，因此它工作勤劳、认真踏实。车间里的技工师傅们熟练的操作技术，程军荣羡慕不已。作为一名农民工，程军荣怯生生地向上级提出了学车工的申请，没想到居然顺利地被批准了。

程军荣对企业充满了感激之情，并决心要学好车工。被调到机加车间后，他非常珍惜机会，把能不能当好车工当成对自己的一个考验。他四处收集有关车工技术方面的书籍，当别人在休息或打牌的时候，程军荣都在努力地学习着。遇到不懂的地方，他就记下来第二天问师傅，功夫不负有心人，一般人要 3 个月才能在师傅的指导下上车床，程军荣不到一个月的时间就能独立完成基本操作了。

一段时间之后，程军荣明显地感觉到自己文化功底的薄弱。为了提高自己的文化素质，他自费参加了学校的高中补习班，获得高中毕业证之后，他又考取了南京航空航天大学计算机信息管理专业，在读夜大期间程军荣付出了超常的艰辛和努力，他常常一个人在夜大教室里苦读；当别人都睡觉了，他还拿着手电筒一页一页地看书；由于进厂时间短，收入低，没钱再购买更多的辅导书，他常借同学的看，为了不影响同学复习，他只能利用晚上的时间，熬夜看完，第二天按时还给同学。

凭着这股认真劲儿，程军荣学习了《金属切削学》《数控机床技术及应用》等专业书籍，并顺利地拿到了大专文凭。2004 年，工厂购进了一台数控机床，他东拼西凑了 9000 元买了一台电脑，开始研究数控技术。

十几年来，程军荣在自己的工作岗位上刻苦钻研，有大大小小 20 多项改革，攻克了许多技术难题，终于成长为一名高级技师。回顾十几年的人生历程，他深深体会到是打工之路改变了他的命运，是工厂为他搭建了通向成功的平台。

【精神榜样】

感恩既是一种积极的心态，同时也是一种随时准备奉献的精神体现，它更是一种力量。当你以一种知恩图报的心情去工作时，你会工作得更愉快，也会更出色。相反，不懂得感恩的人他从不去想自己得到了什么，而是一味地抱怨自己的需求没有得到满足。只知索取，不知回报，更谈不上奉献。

牛仔裤专家

【模范人生】

"牛仔裤专家"邓建军是江苏常州黑牡丹公司的高级技工，是新世纪全国首批 7 个"能工巧匠"之一，曾两次受到胡锦涛总书记的接见。

是什么让邓建军在一个普普通通的岗位上获得如此多的荣誉呢？在邓建军的观念里，当今的市场经济条件下，个人独闯世界而获得成就的机会已越来越少了。一个人的发展更多的是依靠企业这个平台，只有把个人的发展和企业发展目标统一起来，才能达到双赢的目的。

黑牡丹公司董事长曹德法曾经激动不已地说："没有邓建军示范带动的科研团队，我们的企业可能就没有今天！"

邓建军刚刚参加工作那几年，是中国纺织企业正告别传统"金梭银梭"的年代，国内企业特别缺少机电一体化的技术工人。

黑牡丹公司有一批进口剑杆织机急需改造，邓建军积极报名接手了任务，但看过现场以后，他心底不禁冒出了一股凉气。几十台机器的各种电气线路如一团乱麻，图纸不知去向。一块线路板有 2000 多个点需要一一测试、分析、测算，要想改造这些进口货，任务十分艰巨。他一咬牙，从最起码的制图开始做起，每天蹲在机器边 14 个小时以上。经过一番创造性的努力，这些机器终于被他改造好了，为企业节省了大笔的资金。

在工作的十几年中，邓建军一直努力促进企业发展，并把此当作自己义不容辞的责任。

2002 年 8 月，世界流行的新产品"竹节牛仔布"在黑牡丹公司遇到生产告急，如不能按期交货，公司不仅会丢掉 400 万美元的订单外加付违约金，还要将市场拱手让人。

邓建军急了，他带着科研小组奋战 15 个昼夜，自行设计安装了 4 台分经机，成本仅为进口设备的 1/8，保证了公司按时交货。客户满意之余，又续签了 800 多万元的新订单。

一提起染浆联合机的 4 次改造，黑牡丹公司的董事长曹德法就念念不忘邓建军。他说："邓建军所带领的团队解决了连续生产不用停车这一难题，仅此一项就为企业创造经济效益 3000 多万元。"

【精神榜样】

人生来就是要奉献的，奉献不仅仅是对自我灵魂的升华，也是对这个世界的奉献。只有奉献才能实现自己的价值，只有实现价值才能使生活充实。奉献自己的爱心去无私地帮助别人，那么最终受益的将会是自己，自己收获的也不仅仅是一分感激，更是一分心灵的愉悦。邓建军与企业同呼吸、共命运，把自己奉献给工作，实现了自我价值和社会价值的统一。

美好别人，成就自己

【模范人生】

江苏亚威机床有限公司工人技师赵智林，那可是个有名的大忙人。公司为应对全球金融危机带来的冲击，加大了自主开发新型数控激光切割机的研制力度。激光切割技术一直由德国人掌握，中国机床企业涉及这种高科技设备，据说江苏亚威公司算是首家。正因为如此，项目刚一上马，公司领导就将赵智林从其他车间调到了研制一线。这位多次向外国专家叫板又多次获胜的工人技师，一到新的岗位，就不分昼夜地干开了……这是赵智林正常的工作状态，他也正是凭着这股不怕苦、不怕难的劲头儿，为企业攻克了一个个技术难题，为企业的发展作出了巨大贡献。

1993 年，赵智林从原江都工业学校机械班毕业后，子承父业来到亚威机床公司，并成了父亲的徒弟。回想起学徒时维修一台捷克斯洛伐克产的机床时的情景，赵智林记忆犹新。

他说："那是第一次让我认识到了中外机械的技术差距，同时也激发起我刻苦钻研国外先进技术的决心。"从此以后，他不放过每一个学习机会，不断向前辈们学习，还自己从中发现技巧，并及时记录总结。正是因为如此痴迷地学习，到 1996 年，他就能独自外出承担开卷线设备的装配任务了。

赵智林在工作中不断地总结，不断地思考，为公司解决了许多技术性的难题。

2004年，亚威机床公司与日本公司合作，研发新型数控转塔机床。上下转盘的制造与调试是双方合作的焦点，日方提出上下转盘是日方专利技术，应由日方全套提供。亚威方面则提出由自己安装调试。经反复协商，日方同意亚威的要求，但也提出了一个非常苛刻的附加条件：如果亚威在一周内安装调试的转盘达不到要求，以后5年内转盘全套向日方进口，价格再上浮10%。关键时刻，赵智林主动请战。经过一周奋战，赵智林带领的一班人出色地完成了转盘的安装调试任务，各项指标完全符合日方要求，同时还解决了日方相关技术中的个别遗留问题。日方专家伸出大拇指连声说："智林，了不起，我要向公司建议请你去做教练！"

赵智林不但自己刻苦钻研业务，还带领班组成员一起学习，并毫无保留地向他们传授技术。他就如蜡烛一般，照亮了别人，奉献自己的力量；在美好了别人的同时，也成就了自己。

【精神榜样】

赵智林的钻研和奉献精神不仅为公司创造了效益，而且得到了外国专家的肯定。因此，如果我们希望自己未来的前途能够成功，那么首先要养成一种观念，那就是从奉献中获得快乐。现在社会上有很多人是从物质享受中去寻找快乐，从贪欲中去追求快乐，从个人自私中去占有快乐。一个人如果要想获得内心真正的平衡，那么就一定要扫除自私自利的观念，净化自己的身心，提升自己的思想高度，从奉献中获得快乐。

和企业共同成长

【模范人生】

"一个有着卡车、客车和轿车外观与内饰设计经验的工程师很'抢手'""一项自主设计可以为企业节省1000万元"，这些都是大家对张力生的赞扬。

张力生，南京汽车集团有限公司MG汽车有限公司车身设计工程师，同时也是一个用枯燥的数字勾画心中完美理想的普通人。

张力生是我国第一批接触数字化设计技术的人员，1999年，张力生被选中赴美国参加了福特——中国科技人员培训计划，使他掌握了新设计技术。回国之后，他就把自己在国外学到的技术充分应用在工作中，他主张用三维设计技术开发依维柯59.12车型，这也是他在学成之后的第一个项目。

在该项目中他成功开发的车轮装饰罩虽然很小，却体现了产品创新的价值和数字化设计技术的优势。他突破了原来的设计套路，构思了体现依维柯澎湃动力的装饰螺母和旋转动感的优美造型，以轻质的工程塑料取代了原来的金属材料，并改进了固定方式。这一个改进受到了专家们的交口称赞，从此，张力生的这点创新也成为依维柯汽车的一个新卖点，几年来生产销售5万多套，累计产生经济效益100多万元。

张力生还对刮雨器进行了创新，利用三维技术对刮雨器进行重新设计后，其精度和灵敏度都提升了很大一截，成功地征服了客户。由于三维数字化技术的应用和设计创新能力的逐渐提高，张力生为南汽和国外的设计公司争取到了更多的合作机会。

当张力生还在美国学习汽车设计技术期间，就有人曾想让他留在美国发展（和他同去美国的两个人就没有回来），但他没有那么做。现在随着他的名气渐大，诚邀他加盟的企业也是不可胜数，但张力生都一一回绝了。张力生说："我现在拥有的经验是在企业一个一个项目中锻炼出来的，是企业花了本钱才培养起来的，人要知恩图报。"

【精神榜样】

"我现在拥有的经验是在企业一个一个项目中锻炼出来的，是企业花了本钱才培养起来的，人要知恩图报。"朴实的话语道出了人生的真谛。感恩，是一种精神、一种境界，是催促个人奋发向上、严格要求自己的动力源。有感恩之心，说明一个人对自己与他人和社会的关系有着正确的认识。报恩，则是在这种正确认识之下产生的一种责任感。没有社会成员的感恩和报恩，很难想象一个社会能够正常发展下去。

感恩激发学习力

【模范人生】

刘发根，南昌铁路局高级技师。2001 年大学毕业，他被分配到九江县沙河街北列检所。这是一个远离繁华都市的安宁村庄，同来的同学们都很失望。但是出身农村的刘发根不这么想，他反而很感谢不用自己去找工作就能有一个"不错"的工作岗位。而且一来，自己可以把攒下的钱供弟弟、妹妹上学；二来，安静的地方更容易让自己静下心来钻研业务。

刘发根对这份在别人眼里毫不起眼的工作充满了感激和热爱。他决心在这里闯出一片天地来。刚走上工作岗位时，还没有具体工作任务，而且正值酷暑难耐时节，其他同学总是一点完名就不见了踪影，而刘发根总是老老实实地跟着师傅，得知哪里有车辆故障，他总会飞奔到现场看师傅怎么处理，并都一一记在本子上。为了能提高自己的技术水平，他常常一个人在站修所里，对那些报废的车辆零件拆了装、装了拆，反反复复地摸索练习。对于学习专业知识刘发根更是书不离手，他把 7000 多道技术业务题更是倒背如流。

经过刻苦的训练和学习，刘发根的业务技能有了飞速的提高。在 2005 年举行的全国首届铁道行业技能竞赛更换货车钩项目中，他以 26 秒的优秀成绩打破了铁道部保持了 20 年的纪录，获得了全能第一。2006 年，年仅 25 岁的他被破格评为检车员高级技师。

取得一定成绩之后，刘发根不忘感恩单位。之后，他担任了单位的业务教练，他毫无保留地把自己的技术心得和单位的每一位员工分享。用他自己的话说："我今天的成绩离不开大伙儿的关心和帮助，在今后的日子里，我要倾我所能回报社会，回报大家。"

【精神榜样】

一个懂得感恩的人，当第一天走上工作岗位的时候，就已经意识到自己就是单位的主人，自己成长的每一步都与单位息息相关。在感恩心的驱使下，他将视自我提升为己任，会持续不断地勤奋学习，主动地充实和提高自己，竭尽自己的力量为单位的发展增砖添瓦，用自己的感恩之心和学习能力用心培育单位的生命之根。

"华夏第一钢"

【模范人生】

唐山钢铁股份有限公司第一轧钢厂炼钢炉长郑久强是一个用奉献提升能力、用奉献铸就事业辉煌的典型代表。

1989 年，从唐钢技校毕业后，郑久强被分配到唐钢一炼钢厂转炉车间。炼好钢是他唯一的念头，也是他最大的享受。"学一流炼钢技术，做一流炼钢工人，出一流工作成绩"是他的追求。

炉前工是需要工人目测出钢水的温度，而炼钢过程中温度一般在 1600～1700 摄氏度之间，并且出钢温度判断误差不能超过 5 摄氏度，这是一项技术性很强的活儿。为了学习根据钢水颜色判断钢水温度，郑久强就这么一炉一炉地盯，往往是一个班下来，眼睛会被刺得生疼，但他还是坚持学习。

炼钢工人的工作很辛苦，下班后都极为疲劳。但郑久强无论多么辛苦总会挤出时间学习。1993 年，23 岁的郑久强被破格提拔为唐钢历史上最年轻的炉长，打破了培养一名炉长最少需要 10 年的纪录。在平凡的岗位上，郑久强一干就是 16 年，他不断地学习和深造，使他取得了骄人的成绩——他有十几项技术改革，创造了上亿元的经济收入；他创立了三计算、两控制、四观察的"三二四"炼钢操作法，在唐钢 60 多年历史上仅有 16 名"唐钢功臣"，郑久强是年龄最小的一位，同时也是唐钢历史上最年轻的炉长。

郑久强对唐钢忠心耿耿，尽职尽责。他实现了要为唐钢"学一流炼钢技术，做一流炼钢工人，出一流工作成绩"的梦想，也实现了要做"知识蓝领"的愿望，还被誉为"华夏第一钢"。

【精神榜样】

一个对工作负责的人，内心里是愿意在工作岗位上奉献的。奉献并不遥远，奉献就在身边。在日常生活中，我们每个人无论岗位如何、能力大小，都在有意无意地自我奉献着，也在不知不觉中享受着他人奉献的成果。我们在奉献中收获快乐，获得内心的满足。

用心做自己的工作

【模范人生】

　　孟令华，高考落榜之后只身一人来到大连，一次偶然的机会，他赶上大连市邮政局投递分局招聘劳务工投递员。经过笔试、面试的几轮筛选，孟令华如愿以偿地考入中山区投递分局当上一名邮政投递员。孟令华十分珍惜这份来之不易的工作。刚开始工作时，他投递的段道是寺儿沟一带。这个段道在中山区投递分局33个段道中条件最差、环境最艰苦。由于杂院多、居住的人口稠密，给投递工作造成很大的不便。这些困难没有难倒用心的孟令华，他详细记下了每个家庭的新旧住址，保证自己投递工作准确无误。

　　孟令华知道这份工作来之不易，他用心地经营着自己的事业。随着城市发展建设，平房变成了楼房，许多住户的通信地址也随之改变了。其实，这许多"没有归宿"的信可以被批注退回。但孟令华想，一封封信牵挂着许多人的心，于是他就利用业余时间走访派出所、居委会，他自己编制了一个住户新旧地址对照表，把积压的900多封信送到了住户手上。

　　刚参加工作时，他还把积蓄下来的钱帮助一些老人。乐华街11号的徐奶奶身患心脏病，儿女都在外地工作，每个月总有汇款从外地寄来。孟令华还经常帮孤身一人的徐奶奶去取汇款，这让徐奶奶十分感动。

　　后来，孟令华还利用业余时间在大连外国语学院学习了外语，掌握了一些基本的对话，给辖区里的外国住户提供了满意的服务。并自掏腰包为新建的居民小区安装信报箱。

孟令华的付出没有白费，他得到了居民的一致好评，给他写了200多封表扬信，送去3面锦旗，这些荣誉的获得都是孟令华用心付出的结果。

【精神榜样】

一个懂得感恩的人，他不仅仅会认真地对待工作，而且能够用心地工作。用心工作，就会超出所有人的期望，把工作做得更完满。大凡成功人士都是用心工作的人，他们比别人更专注、更仔细，工作也更到位，因此，比一般人进步得更快。每一个人都拥有难以估量的巨大潜能，假如能够用心对待自己的学习和工作，就能够把自己身上的潜能最大限度地发挥出来，把事情做得更卓越。如果你把自己全身心地投进工作中去，那么卓越和成功自然会走近你。

在行动中贡献力量

【模范人生】

于明君，辽宁忠旺集团模具厂工人，是一个从事体力劳动的"蓝领工人"，对企业作出了巨大的贡献。

于明君觉得自己很幸运，农民出身还能进入工厂工作，所以他格外珍惜这份工作。由于这项工作技术性较强，为了尽快掌握钳工技术，他到书店买来相关书籍，利用业余时间抓紧学习。在生产过程中遇到不懂的地方就虚心请教，并注意观察老师傅的操作方法。有时别人都下班了，他还在车间里边琢磨边反复练习操作技术。进厂3年后，他成为企业里的钳工能手，并当上了钳工班班长。

为把误差降到最低，他把车间所用的量具都进行检查、校正，以保证模具的上机合格率。多年来，经他加工或验收的模具合格率都在100%。

除此之外，于明君发现这个岗位对技术和创新能力有很高的潜在要求，当技术暴露出不适应新形势发展的缺陷时，他决心要改变现状。但在很多人看来，普通的钳工搞技术开发，不但超出了自己的能力范围，也超出了自己的职责范围。但于明君认为，提高技术水平、探索前沿技术是自己的追求。企业为员工提供了广阔的发展平台，员工就有责任把工作做到尽善尽美，为工作投入智慧和精力，也是一名企业员工的责任和追求。

2004年5月，企业加工一批出口的铝型材，这种产品公差尺寸要求比较高、工期要求短。为了缩短工期，他经过反复试验，省去了后期整型这道工序，这项革新既节约了工时、保证了质量，又降低了废品率，为企业节省资金6万多元。据介绍，几年来，他共组织开展技术攻关22项，为企业创造经济效益400多万元。

于明君还从自身做起，修旧利废，降低消耗，他在报废的大量模具里面反复挑选，只要有一点维修价值的，他都利用上，积极配合工厂开展节约型企业创建活动。几年来，平均每个月他都利用废弃物自制模具200套左右，粗略计算，一年可为企业节约资金144万元。

【精神榜样】

奉献是一种精神，但首先应体现在行动上。奉献的具体行为表现各异，但其精神实质都是无私和忘我。可以说，社会离开奉献就不能前进，人类缺乏奉献就无法生活。

心怀感恩，追求卓越

【模范人生】

苏波清，海南金鹿农机公司电焊班班长。1980 年刚进厂时，苏波清把新买的自行车大梁给撞裂了。车间里的老电焊工义务帮他焊上了。苏波清一看，和新的一样。这是他第一次看到电焊的"神奇"，于是，便喜欢上了这项工作。对于只有初中文化的苏波清来说，这一切都很新奇。他对自己的这份工作也很珍惜，于是决定好好干，干出个样了来。

看着师傅手持焊枪像挥舞着画笔一样，将一根直径不到 3 毫米，硬度很低的铁条焊在一根硬度很高的铁条上，觉得很神奇，苏波清主动要求学习焊工技术，他白天跟着老焊工学手艺，晚上回到家拼命钻研焊工技术书籍，在同组的 5 名学徒工里，他进步是最快的。

2002 年，金鹿农机公司承担了茅阳水电发电厂大型水管制造任务。如果采用手工焊接，那就既无法按时交货，也达不到技术要求。关键时刻，苏波清接过了重担。

苏波清凭自己的经验判断，当时用手工的方法肯定是来不及了，他琢磨了一下，发现原先在书上看过的埋弧自动焊机电焊法可以解决这个难题。于是，他马上带着电焊班的工人找出厂里多年不用的一台旧的埋弧自动焊机，重新安装调试，他还自己制造了这种焊接方法必要的设备平转台。经过不懈的努力和创新，苏波清终于圆满地完成了任务，并且苏波清提议使用的新焊法，使焊接效率提高了 7 倍，技术指标达到了超声波检验的一级标准。

当被问及技术为什么能进步时，苏波清说："就是有一些不服输，不甘于落后的人总是向原有的旧工艺、旧方法挑战，我一生都佩服这样的人，也愿意做个敢于创新的人。"

现在苏波清已经成为厂里当仁不让的技术能手，他还主动要求承担带两名新员工的任务，不厌其烦地把焊接技术毫无保留地传授给新焊工，积极努力地培养焊接的后备力量。

电焊作业是一项又苦又累又危险的工作，一些特殊位置的高空作业、压力容器和狭小场地内的作业，都会出现令人难以想象的困难：夏天焊工厚厚的工作服会全部湿透，身上还会被飞溅的火花烫出一个个难以愈合的伤疤。在三四十米、四五十米的高空，有时要仰着头，有时要像倒挂金钟一样倒挂着身子去焊接。27 年来，苏波清就是在这样的工作环境里奉献着自己的青春。

【精神榜样】

感恩是一种内在的驱动力，心怀感恩的人追求之心永无止境，卓越永远是他的目标。在追求进步方面，不能适可而止，而一定要做到永不懈怠；在知识能力方面，不能满足于一知半解，一定要做到融会贯通，一切以高标准来要求自己，向着最出色的目标努力。无论成功与否，追求卓越的标准都不能改变，只有这样才能成为社会发展的有用之才。

为轧钢事业奉献终生

【模范人生】

胡健，邯钢集团的高级技术主管，被评为邯钢十大岗位操作能手，还曾两次荣获邯钢技术比武大赛状元，省五一劳动奖章获得者，省劳动模范。

1997 年，胡健从包头钢铁学院毕业，来到了邯钢成为一名正式员工。当时邯钢正发展得如火如荼，全国企业都在开展学习邯钢的活动，能成为邯钢的一员，胡健感到十分荣幸，更加激发了他的工作热情。初到邯钢时，他努力地向前辈们学习实践经验，一些脏活、累活也是抢着干，刻苦努力的勤奋劲儿赢得了师傅们的交口称赞。

因为对邯钢的感恩之情，胡健勤学苦干，机会很快就光临了这个年轻的小伙子。1998 年，邯钢从德国西马克公司引进了一条连铸连轧生产线，这是国家立项的冶金行业最大的紧凑式带钢轧制生产线，当领导筹建该项目时，既有专业知识，又有实践经验，并且热爱邯钢的胡健就成了不二人选。而摆在胡健面前的第一道难关就是要弄懂和熟知大量的英文资料。这些资料是英文的，同时又汇集大量钢铁专业词汇，非常难懂，而且十分枯燥。怎么办？只有像蚂蚁啃骨头一样，坚持不间断地一个词汇一个词汇地抠。可没多久，筹建处专管技术资料的师傅就找领导"告状"说："胡健这个小伙子换资料太勤了，今天拿走一本，明天又来换一本，这些都是外语资料，大家都是几天才能看完一本，他换得这么勤，他到底看没看完啊？"原来，这些资料是胡健以往从来没有看到过的，让他充满了新奇，真想"一口吃个胖子"，于是一天24小时除了吃饭和睡一会儿觉，其余时间全都用在了"啃"这些资料上。每天都是拎着一个大书包，鼓鼓囊囊地上下班。在项目实施的过程中，因为胡健的勤奋努力和良好的功底，他被调入了该生产线的最核心部分——连铸连轧生产线的精轧组，顺理成章地成了项目组的核心人物。从此，胡健迎来了新的事业天地。

由于工作出色，1998年，胡健又获得了作为CSP岗位工远赴德国和墨西哥进行实践培训的机会，此次向外国技术人员学习，使胡健为以后工程的调试与生产积累了丰富的经验。胡健曾说："我深深地爱着邯钢，爱着我的轧钢事业，我愿为此奉献终生。"胡健对邯钢充满了感恩之情，可以说正是这种对邯钢的感恩，为他赢得了在邯钢的第一个机遇，以及日后事业的辉煌。

【精神榜样】

感恩是一种美好的情感，一种积极的心态，感恩是一种洋溢着阳光的精神境界。心怀感恩的人，懂得珍惜眼前的一切，为人处世总是乐观向上；懂得知恩图报的良好品质，总是能够迸发出极大的工作热情，积极主动地去做人民需要的事，并最终成为社会的中流砥柱。因此，懂得感恩的人永远比那些不知道感恩的人更加可亲可敬，更多的机会也会青睐他们。所以说，心怀感恩的人更加幸运，心怀感恩的人永远受机会的垂青。

第四章

杏林三月茂，橘井四时春

北塔山上的全能医生

【模范人生】

李梦桃，男，1948 年出生，汉族，上海市人，中共党员。1964 年李梦桃从黄浦江边来到新疆生产建设兵团农六师，起初被分配到一〇六团从事医务工作。由于北塔山牧场医生奇缺，1970 年又被调到地处中蒙边境线的北塔山牧场。

北塔山，哈萨克语叫巴艾特克，意思是牺牲自己的地方。这里是新疆兵团最偏远的少数民族牧场之一，距新疆维吾尔自治区首府乌鲁木齐 400 多公里，海拔 3287 米，紧邻长达 120 公里的中蒙边境线。

李梦桃被分配到乌拉斯台牧业二队当医生。当时牧场放牧点分散，牧民大都逐水草而居，毡房之间有的相隔十几公里。李梦桃只好骑着马背着药箱到各个牧点去看病。牧民常见的疾病不仅有肺炎、感冒、关节炎、肺气肿，也经常碰到摔伤的病人。每当李梦桃出现在一处毡房前，牧民们就像盼到了救星一样把他团团围住。

那时候药品缺乏严重，有的牧民看到李梦桃的药箱空了，什么也不说，拖着病体赶着羊群就走了。尽管李梦桃对他们的身体充满担心，但也没有好办法。牧民们因生病而脚步缓慢地离去时，心中充满了失望，这情景给他留下了刻骨铭心的记忆，他认定：牧民需要我，我应尽全力为他们服务。

1970 年的一天，有个叫努尔哈依夏的年轻产妇在毡房生孩子时难产，这家人向李梦桃求救。由于医疗条件太简陋，李梦桃又是第一次接生，他全力抢救，小孩终于生出，但产妇由于大出血，性命没有保住。

这件事给李梦桃很大的震动，这促使他自学了内科、外科、儿科、妇产科等各方面的医学知识。他不仅自修完了中专和大专课程，还晋升为副主任医师职称。李梦桃常和同事说，我们是"万金油"医生，在城市的大医院里，咱们不一定是一个出色的医生，但我们在牧区就应该当一名全能的好医生。

北塔山牧场没有血库，作为这里的医生，当病人需要输血救命的时候，他会毫不犹豫地伸出胳膊为病人献血，对于看病交不起药费的牧民，他又常常主动解囊相助。这些年，他走遍了牧场的每道山岭，累计行程26万多公里，救治病人2万多人次，接生800多个婴儿，被誉为"哈萨克人民的好儿子"。

当地群众对李梦桃有着深厚的感情。当年初到北塔山时，李梦桃不适应当地生活，头上还长满了虱子。热心的牧民帮他把头发剃光，用开水烫洗衣服。有一次巡诊，半路上胃溃疡犯了，是哈萨克牧民把他从马背上抱进毡房，女主人用家里很少的一点儿面粉为他做了一碗热腾腾的面条，自己的孩子却在啃玉米面馕。他们把家里最好的棉被盖在他的身上，自己却只盖着羊皮大衣。

2004年6月，组织上考虑到李梦桃年龄大了，又在北塔山牧场工作30多年，将他调到农六师卫生局任正处级调研员。回到城里，李梦桃的心情怎么也不能平静，许多患者渴望治疗的眼神不停地在他眼前浮现。他毅然谢绝了组织上的照顾，说"：牧民对我有救命之恩，我要报答他们。"又返回了北塔山。

然而，李梦桃没有机会在父母面前尽孝。成家后，他觉得对妻子、女儿也内心有愧，因为常年要出外巡诊，无法照顾家里。一次，他随转场的牧民巡诊，4个月后才回来，他的头发好长，1岁多的女儿不认识爸爸了，挡着不让他进门。当年和他一起来北塔山的还有来自北京、天津的几个知青，到20世纪80年代初他们陆续返城了，而李梦桃就像一棵树，将根牢牢地扎在了北塔山。

他的故乡在上海。他有好几次调回上海的机会，但他都放弃了。因为在他心中，他早已属于北塔山了。

【精神榜样】

他的奉献精神令人感动。面对牧民企盼的目光，他说："当医生，就要哪里有病人就赶到哪里，哪里有牧民哪里就是自己的岗位。"他把自己的青春年华无怨无悔地奉献给了北塔山的各族群众，奉献给了边疆的一草一木。从他的身上，我们不仅看到了一个伟大的共产党员形象，更看到了一个扎根边疆、尽心为民服务、乐于奉献的榜样形象。有人会问："以后还会有李梦桃这样的奉献者吗?"答案是肯定的，在榜样的激励下将会出现更多像李梦桃这样的人。

抗非英雄钟南山

【模范人生】

钟南山，1936 年生于福建厦门，医学世家出身。1996 年，钟南山当选中国工程院院士。他是我国呼吸病学领域中的第一名，也是当时唯一的院士。在他的率领下，当 2003 年"非典"袭来时，他和他的同事们把广州呼吸疾病研究所搭建成了危重病人的诺亚方舟。

2003 年 1 月 21 日，钟南山接到省卫生厅的通知，前往中山市两家医院调查一种"怪病"。汽车在高速公路上疾驰。窗外景色秀丽，钟南山的心情却轻松不起来。

他所在的广州医学院第一附属医院接收了一位从河源市送来的奇怪的肺炎病人：持续高热、干咳，肺部经 X 光透视呈现"白肺"（即双肺部炎症呈弥漫性渗出，阴影占据了整个肺部）。然而，使用各种抗生素毫不见效。从河源传来消息：当地医院救治过该病人的 8 名医务人员均感染发病，症状与病人相同。

广博的医学知识与多年的行医经验告诉他，这是一例非常值得关注的特殊传染病。他马上指示将情况报告给广州市越秀区防疫站，同时要求做好一定的防护隔离工作。

接着，中山市也报告出现了类似"怪病"与医务人员被感染的情况。"看来情况是越来越严重了，当务之急应该弄清这种病的症结所在，找到预防与治疗方法。"

在中山市的几天里，专家小组夜以继日地工作。调查情况印证了钟南山的预感：这是一种人类历史上从未见过的传染病，临床表现与典型肺炎不同，呈非典型性肺炎症候。病人主要表现为高热、干咳、呼吸困难等肺炎症状，如抢救不及时，病人容易死于呼吸衰竭或多脏器衰竭。疾病的传播途径仍不十分清楚，初步考虑为近距离飞沫传播或密切接触传播。结合广医附一院接收病人的治疗情况，很快，专家小组便将一份涉及该病诊断、治疗、预防的《关于中山市不明原因肺炎的调查报告》送达广东省卫生厅。卫生厅马上部署相应工作，钟南山临危受命，被任命为广东省非典型性肺炎医疗救护专家指导小组组长。

非典型性肺炎疫情有突然加剧现象。广东的佛山、河源、中山、深圳、广州等地均出现疫情，且大部分集中在广州地区。

"鉴于广州呼吸研究所的技术力量，同时考虑到危重病人有较强的传染性，应集中治疗。"钟南山主动向卫生厅请缨，"把最危重的病人往我们医院送！"除夕之夜，万家团聚，广医附一院领导们却火速赶回医院连夜布置工作。医务科、护理部、呼研所、急诊科、药品供应部、后勤服务中心、设备科等紧急部署：腾出呼一病区做隔离病区；腾出ICU（重症监护室）的单间病房，用于抢救危重非典型性肺炎病人；紧急采购抢救药品与消毒药品；购置19台呼吸机及抢救设备……

钟南山领导的呼研所成了非典型性肺炎救治的技术核心与攻坚重地。面对一些医务人员的顾虑情绪，钟南山毫不犹豫地说："医院是战场，作为战士，我们不冲上去谁上去？"

短短几天时间，广医附一院便接收了21位危重病人。钟南山身先士卒，顾不得与从新西兰回来的小孙子亲热，全力以赴投入工作。他亲自检查每一个病人，制订治疗方案，甚至抓起人工气囊为病人输氧。在他的带动下，医院上下拧成一股绳，形成一个团结战斗的集体，表现出大无畏的献身精神。

节后，疫情被一些别有用心的人故意夸大或无中生有后，在社会上造成了极坏的影响。作为一名共产党员，钟南山深知社会安定的重要性。而要保证社会的稳定，就要用事实说话，让病人尽快康复。

广州医学院第一附属医院是收治非典型性肺炎危重病人的重点医院，ICU病房的病人几乎均合并有细菌感染，多数已出现多器官衰竭。据文献报道：人体有四五个以上的器官衰竭，死亡率将在90%以上。通过死亡病例的尸检发现，非典型性肺炎病人的病理机理主要是"肺硬"，即肺组织纤维化。要治疗好非典型性肺炎患者，必须解决肺的纤维化问题。

钟南山知难而上。他成立了以肖正伦、陈荣昌、黎毅敏为骨干的老中青呼吸病专家组成的攻关小组，配合广东省"非典"医疗救治小组夜以继日地查阅文献，严密观察病人的变化，细致记录各种可供研究的资料。试行了多少方案谁也记不清了。终于，他们找到了突破口：当病人肺部阴影不断增多、血氧监测有下降时，及时采用无创通气，病人的氧气吸入量就会增多，能较好地改善病人症状；当病人出现高热和肺部炎症加剧时，适当给予皮质激素，从每日80～500毫克不等，能有效地减轻肺泡的非特异性炎症，阻止肺部的纤维化病变；而当病人继发细菌感染时，必须有针对性地使用抗生素。

实践证明，这是一套行之有效的救治方法，大大提高了危重病人的成功抢救率，降低了死亡率，且明显缩短了病人的治疗时间。两位双肺渗出病灶弥漫、生命垂危的非典型性肺炎患者，经以上方法抢救，奇迹出现了。喜讯立刻上报卫生厅，卫生厅马上组织专家讨论，修改完善以后，以《广东省医院收治非典型性肺炎病人工作指引》下发各地市与省直、部属医疗单位。

2月11日，广东省卫生厅召开新闻发布会，钟南山以医学专家的渊博学识，沉稳地告诉大家，非典型性肺炎并不可怕，可防、可治、可控。他通过新闻界告诫社会不要惊慌，而要在政府和卫生部门的指导下，共同抗击病魔的挑衅。同时，卫生厅还通报了广东卫生防疫部门已排除了禽流感、鼠疫、炭疽等病的可能性。很快，社会情绪开始趋稳。

　　对此，广东省委、省政府给予高度评价：广州医学院第一附属医院在抗击非典型性肺炎事件中起到了主导性作用，钟南山功不可没！

【精神榜样】

　　在"非典"面前，钟南山毫不畏惧，迎难而上，将个人安危置之度外，全身心地投入到病人的康复、疾病的研究与控制中，这种无私奉献的精神让人敬佩。青少年们学习奉献精神时，不要把奉献看作高不可攀的境界。我们倡导奉献精神，是为了唤醒人们心底的勤勉、良善、爱心。构筑美好和谐社会，离不开每个人的努力，我们每个人都应该从我做起，在各自的岗位上恪尽职守、兢兢业业。

25 年智残人护理生涯

【模范人生】

她 25 年如一日，天天面对一群智力低下、生活不能自理的人，在这特殊的岗位上，无私地为智残人员奉献着爱心，并且尽职尽责，无怨无悔。因为她有一颗博爱的心。

21 岁的张丽娟刚被分配到白城市社会福利院做智残人员的护理工作时，不仅感到害怕，甚至有些心灰意冷，她不断地进行换位思考，说服了自己，并不断调整心态，虚心向院里的老党员、老护理员学习请教，用心观察、揣摩每一个院民的脾气、心态和接受能力。

要做好智残人员的护理工作并非一件易事。对正常人来说，吃、喝、屙、撒、睡、洗是最简单不过的事情，但对智残人来说，这些完全是混乱的。有的晚上睡觉不知起床大小便，经常屙尿在床上，有的大便后还随便涂抹到墙上。张丽娟每次都耐心地为他们收拾。但这样下去不是办法，治标必先治本，要帮助引导他们提高生活自理能力和行为能力。于是，她开动脑筋，想出一个个办法。她用糖果来哄他们，谁起床就发给谁一块糖。这一招还真灵，开始是 30 分钟叫一次，到后来一个小时、两三个小时叫一次，渐渐地，他们终于养成了起床、叫床大小便的习惯，还知道了上厕所。

这样，张丽娟不仅改进了护理工作，也成了院民最信任、最喜欢、最离不开的人。好多难管理的人，都在张丽娟的护理下变好了，变聪明了，也快乐了。1999 年，张丽娟被提升为呆傻生活区主任，她的担子加重了，工作也更加出色了。每天，她都提前一个小时到岗，晚上很晚才下班。遇到院民有特殊情况，她整夜工作在院里。前年院里对呆傻生活区进行房屋改造，一些人住在临时房间，怕出问题，她几乎天天住在院里，与服务人员一起搬砖筛沙清垃圾，脸晒黑了，手磨起了泡，人瘦了一大圈……

整整25年，张丽娟就是这样辛勤忘我地工作在这个特殊的岗位上，为这个特殊的群体贡献着特殊的爱。她心里装的全是别人，在平凡中显示出高尚，在普通中展示出超群。

【精神榜样】

张丽娟25年如一日，在自己的岗位上默默奉献，任劳任怨，全心全意，这种精神状态是整个灵魂与所从事的工作融于一体的一种境界。一个人无论从事何种职业，都应该全心全意，尽职尽责，这不仅是工作的原则，也是做人的原则。同学们，将来走上工作岗位，应该学习张丽娟的奉献精神，追求更高境界的人生价值。

你的名字叫"奉献"

【模范人生】

在军营里长大的张凤仙已经52岁了，走在街上普通得像个邻家大姐，从19岁走上护理岗位后，一干就是30多年。她把病人当成亲人，为了苦练护理基本功，她在自己身上练习穿刺、针灸；她热爱病人、善待生命，用手帮助病人排便；她将自己家里的电话号码向社会公布，有求必应，提供24小时护理服务。在她的身上，我们看到的是人间大爱。

在长年累月的实践摸索中，张凤仙总结出"三多""四心""五勤""一随访"的护理服务经验。"三多"，即给病人多一点儿微笑、多一声问候、多一些帮助；"四心"，即爱心、耐心、细心、责任心；"五勤"，即手勤、腿勤、眼勤、口勤、耳勤；"一随访"，即把护理工作延伸到院外，深入社区，到病人家中走访。

张凤仙对病人的好说也说不完。她曾经在一年春节时为照料几位特护病人7天7夜没回家，终因极度劳累一头栽倒；她曾经用三轮车把患病缺钱的母女俩接到家中，照看一宿；她节假日放弃休息，经常为老干部、老红军、军烈属等义务巡诊，为行动不便的患者送药上门……

2005年5月，张凤仙被调到菏泽市疾病预防控制中心工作，全身心投入公共卫生服务事业中。她与同事们深入居民家中，为群众提供医疗、保健、康复服务，为居民建立起健康档案。他们还在社区、企业、机关、农村、学校办起了宣传栏、黑板报，把健康知识送进千家万户。

【精神榜样】

张凤仙的奉献之歌唱得婉转又动人。奉献是一种责任，是一种主动的、自觉的、真诚的、发自内心的无怨无悔的积极行为。具有奉献精神的人，不论是在日常生活里还是在工作生产中，都能够自觉地充分认识到自身利益与他人、社会、国家、民族利益的一致性，能够树立起高度的社会责任感、使命感，将他人、国家、人民的利益置于个人的利益之上，去助人为乐，爱岗敬业，无私奉献自己的一切。就会不计名利、不以物喜、不以已悲，全心全意为人民服务。

马背上的白衣天使

【模范人生】

　　吴登云，男，1940 年出生，汉族，江苏省扬州市人，中共党员。吴登云1963 年从扬州医学专科学校毕业后，满怀立志扎根边疆的豪情，到我国最西端的新疆克孜勒苏柯尔克孜自治州乌恰县工作。乌恰县山高路远，地广人稀，缺医少药。从 20 世纪 60 年代初到 80 年代末，吴登云每年都要花三四个月的时间到牧区巡诊和防疫。他骑着马，背着药箱，翻山越岭，风餐露宿。靠着一匹马，吴登云走遍了这个平均海拔 3200 米的高原县，为柯尔克孜族乡亲们送医送药。正是他和那只小药箱，给牧民的帐篷带去生命的阳光。

　　40 年来，吴登云有好几次调回家乡工作的机会，但他一次次都放弃了。虽说生活的环境和条件，乌恰县与家乡是无法相比的，但要说价值和作为，他认为，留在乌恰县，能发挥更大的作用。回忆起当初自己扎根新疆的选择，吴登云说："如果有来生，我还会毫不犹豫地选择新疆，选择乌恰，选择医生这个神圣的职业，选择为新疆各族人民服务。"这就是一个高尚的共产党员的奉献情怀。

　　1966 年冬天，一位患功能性子宫出血的柯尔克孜族妇女住进了乌恰县人民医院，她脸色苍白，双眸无神，没挪几步就一身虚汗。吴登云诊断必须输血治疗。然而，只有几间土坯房的简陋医院，哪里有血库呢？望着奄奄一息的病人，吴登云决定抽自己的血。300 毫升的鲜血从吴登云的体内流进了柯尔克孜族病人的血管。病人的眼睛有神了，她惊喜地说："我的身上长力气了！"

第一次献血就这样开始了。看到自己献出的是一点儿血，挽救的却是病人的健康和生命，吴登云认为自己这样做值得。他总共无偿献血 30 多次，计 7000 多毫升，相当于一个成年人全身血液的总量。

为挽救大面积烧伤的少数民族患儿，吴登云还曾亲自动手在自己的大腿和小腿上割下 13 块拇指大小的皮肤，移植到患儿身上。1984 年，吴登云担任乌恰县医院院长。当时医院面临的最大问题是医务人员短缺，为此他制订了"十年树人计划"。他到各乡镇卫生院物色柯尔克孜族医护人员，自己白天上班，夜里辅导这些医护人员学习汉语。他不仅手把手地对他们进行传帮带，还把他们派送到乌鲁木齐的医院进修。过去这家连阑尾手术都做不好的医院，很快就成为全新疆同级医院中的佼佼者。

对那些无力承担医疗费的病人，吴登云充满仁爱之心。他当院长后规定：凡确属贫困户的病人，医院只收取药费，免除其他一切费用。他说："只要有百分之一的希望，我们就要尽百分之百的努力，不能因为钱而误事。"有些老乡连药费也出不起，吴登云就让他们秋天把羊卖给医院，或者随时来打点零工，充抵药费。

吴登云 2001 年从医院院长的位置上退休，随后到乌恰县政协上班。作为一名经验丰富的老医生，他经常参加县医院疑难杂症的会诊，为年轻医生传授医术。同时，他还忙着为当地柯尔克孜族牧民脱贫致富献计献策。吴登云说，以前为人治病是服务于个体，现在搞政协工作是服务于全体，意义更大。

【精神榜样】

吴登云牢记党的根本宗旨，全心全意为人民服务；立足本职，爱岗敬业，树立良好的职业道德；在祖国和人民最需要的地方艰苦奋斗，拼搏奉献；认真执行党的民族政策，做民族团结的模范。他的事迹集中展现了新时期共产党人的精神风貌，展现了当代知识分子的崇高品格，展现了医务工作者的优秀品质。他不仅是共产党员的楷模，也是全社会学习的榜样，是新时期知识分子的杰出代表。

用生命抗击"非典"

【模范人生】

急诊科的工作性质，要求反应快速、及时、有效，因为面对的是复杂多变的病情、触目惊心的状况。对护士长的要求更高，不仅需要超一流的护理专长，更要有临危不惧、指挥若定的领导能力和冷静快捷的思维能力。生死一瞬间，在弥漫着痛苦、无助、哀号的工作氛围里，每位医护人员都必须具备强健的身体和良好的心理素质。对于女性而言，更是对身心的一种挑战，而叶欣在急诊科一干就是几十年。

每当急诊科有传染性疾病患者前来急诊时，叶欣总是一马当先，冲锋在前，尽量不让年轻的小护士们沾边。

2003年春节前后，抗击"非典"，这场艰难的阻击战从广州开始打响，面对增加了两倍的工作量，叶欣周密筹划、冷静部署，重新调班时，安排了加强班。叶欣当然身先士卒，从2月8日便开始加班。

进病房前，叶欣反复强调各项预防措施：换工作服、鞋子、袜子；戴好口罩、帽子、眼罩；进隔离病房前要更换隔离衣；出隔离病房要洗手、漱口。在迎战非典型性肺炎的日子里，她每天睡觉的时间只有几个小时，但仍不忘记临睡前煲一锅老火靓汤，有时是花旗参，有时是冬虫草，她要在第二天带回医院给同事们喝，提高抵抗力。

3月4日中午，极度疲倦的叶欣开始出现发热症状，后确诊染上了非典型性肺炎。叶欣的病情几乎牵动了所有人的心。医院在最短的时间内组成了医疗小组，但是多少人的努力和呼唤都没能挽留住叶欣匆匆离去的脚步。叶欣还是在传染给她"非典"的那位患者健康出院后不到一个星期，就永远离开了她所热爱的岗位、战友和亲人，享年47岁。

叶欣不求闻达，只讲奉献，22年，只在结婚那年和丈夫过了一个春节，其余的全在医院里度过。作为领导，她的宽容、正直、忍让深深影响着她的同事和朋友。

在叶欣的办公桌上有一本本厚厚的工作记录，那是用废弃的化验单背面写的工作记录。点点滴滴，记载着她在这场没有硝烟的战斗中拼搏的足迹，凝聚着她一生对护士职业永恒的热爱与追求。

叶欣是一本书，每一页都燃烧着生命的激情。

【精神榜样】

叶欣从来没有"瞻前顾后，自虑吉凶"。她用自己的生命书写了中国大医之"精诚"。作为员工，我们要像叶欣学习，把她当作榜样，她做人低调，不求闻达，只讲奉献。在迎战"非典"的日子里，尽管每天睡觉的时间只有几个小时，但是临睡之前她仍不忘煲一锅老火靓汤，在第二天带回医院给同事们喝，用来提高抵抗力。面对危重传染病人，她身先士卒，有时甚至关起门来抢救，不让太多人介入，最终献出了自己的生命。她的事迹，她的精神永远感召着我们。

第五章

随风潜入夜，润物细无声

越是残疾，越要美丽

【模范人生】

张海迪，1955 年出生在山东半岛文登县一个知识分子家庭里。5 岁的时候，胸部以下完全失去了知觉，生活不能自理。医生们一致认为，像这种高位瘫痪病人，一般很难活过 27 岁。在死神的威胁下，张海迪意识到自己的生命也许不会长久了，她为没有更多的时间工作而难过，更加珍惜自己的分分秒秒，用勤奋的学习和工作去延长生命。

她在日记中写道："我不能碌碌无为地活着，活着就要学习，就要多为群众做些事情。既然是颗流星，就要把光留给人间，把一切奉献给人民。"1970 年，她随带领知识青年下乡的父母到莘县尚楼大队插队落户，看到当地群众缺医少药带来的痛苦，便萌生了学习医术解除群众病痛的念头。她用自己的零用钱买来了医学书籍、体温表、听诊器、人体模型和药物，努力研读了《针灸学》《人体解剖学》《内科学》《实用儿科学》等书。为了认清内脏，她把小动物的心肺肝肾切开观察，为了熟悉针灸穴位，她在自己身上画上了红红蓝蓝的点儿，在自己的身上练针体会针感。功夫不负有心人，她终于掌握了一定的医术，能够治疗一些常见病和多发病，在十几年中，为群众治病达 1 万多人次。

后来，她随父母迁到县城居住，一度没有安排工作。她从保尔·柯察金和吴运铎的事迹中受到鼓舞，从高玉宝写书的经历中得到启示，决定走文学创作的路子，用自己的笔去塑造美好的形象，去启迪人们的心灵。她读了许多中外名著，写日记、读小说、背诗歌、抄录华章警句，还在读书写作之余练素描、学写生、临摹名画，学会了识简谱和五线谱，并能用手风琴、琵琶、吉他等乐器弹奏歌曲。现在她已是山东省文联的专业创作人员，她的作品《轮椅上的梦》问世，又一次在社会上引起了强烈反响。

认准了目标，不管面前横亘着多少艰难险阻，都要跨越过去，到达成功的彼岸，这便是张海迪的性格。有一次，一位老同志拿来一瓶进口药，请她帮助翻译文字说明，看着这位同志失望地走了，张海迪便决心学习英语，掌握更多的知识。从此，她的墙上、桌上、灯上、镜子上，乃至手上、胳膊上都写上了英语单词，还给自己规定每天晚上不记10个单词就不睡觉。家里来了客人，只要会点英语的，都成了她的老师。经过七八年的努力，她不仅能够阅读英文版的报刊和文学作品，还翻译了英国长篇小说《海边诊所》，当她把这部书的译稿交给某出版社的总编时，这位年过半百的老同志感动得流下了热泪，并热情地为该书写了序言"路，在一个瘫痪姑娘的脚下延伸"。

以后，张海迪又不断进取，学习了日语、德语和世界语。张海迪还尽力帮助周围的青年，鼓励他们热爱生活、珍惜青春，努力学习为人民服务的本领，为祖国的兴旺发达献出自己的光和热。不少青少年在她的辅导下考取了中学、中专和大学，不少迷惘者在与她的接触中受到启发和教育，变得充实和高尚起来。

【精神榜样】

张海迪说："我像颗流星，要把光留在人间。"她怀着这样的理想，以非凡的毅力学习和工作，在轮椅上唱出了高昂激越的生命之歌。这支歌的主旋律是：一个人生命的价值在于为祖国富强、人民幸福而勇敢开拓，无私奉献！同学们身为21世纪的小主人，应以张海迪为榜样，学习她的顽强与奉献精神！

花开无声，美丽无言

【模范人生】

在 2005 年中央电视台春节联欢晚会上，舞蹈《千手观音》轰动全国，也让我们认识了邰丽华，一个无声世界里的舞者，一个用生命演绎舞蹈的人。

邰丽华，中国残疾人艺术团的一名舞蹈演员，曾经先后出访过意大利、美国、波兰等 20 多个国家，在国内外演出数百场。邰丽华本是个正常的小女孩，但是在两岁时因高烧注射链霉素而导致双耳失聪。律动课上，老师踏响木地板的震动，启蒙了她对音乐与舞蹈的痴迷，而被她称作"看得到的音乐"的舞蹈也从此成为她生命的亮色——她赖以表达内心世界的语言。

当年，武汉歌舞团的一名老师发现邰丽华极富舞蹈天分，但又觉得无法进行有效沟通是一大障碍。赵老师只答应先试一下她的领悟能力，但邰丽华明白，自己只有往前走，哪怕前面荆棘密布艰辛不堪，自己也不会停下。赵老师考验邰丽华的第一支舞就是《雀之灵》，对于没有任何专业基础的邰丽华来说，这次的表现显然不能让老师满意，老师的失望并没有击败柔弱的邰丽华，她独自一人在空荡荡的排练室不停地练习，半个月后，她已经能从原来的只能原地转几个圈到能转两三百圈了，而她的表现又重新让老师充满了希望。

邰丽华曾说过（手语）："其实所有人的人生都是一样的，有圆有缺有满有空，这是你不能选择的。但你可以选择看人生的角度，多看看人生的圆满，然后带着一颗快乐感恩的心去面对人生的不圆满——这就是我所领悟的生活真谛。"

邰丽华就是靠着坚忍不拔的毅力和一颗感恩之心，默默浇灌着自己的理想。她没有因为自己的不幸遭遇而怨天尤人，更没有因为遭遇不幸而自暴自弃，而是对不幸、对舞蹈抱着一颗无上的感恩之心。因为舞蹈是自己与这个世界唯一交流的方式，舞蹈是证明自己价值的最重要的形式，舞蹈也是她毕生的工作和事业。

可以说正是抱着一颗感恩的心，邰丽华全身心地投入到她热爱的舞蹈事业中，孜孜不倦，并从中体会到莫大的人生快乐和深刻的人生感悟。

【精神榜样】

感恩是一种处世哲学，也是工作、生活中的大智慧。对生活时时怀有一颗感恩的心情，则能使自己永远保持健康的心态、完美的人格和进取的信念。感恩不纯粹是一种心理安慰，也不是对现实的逃避，更不是阿 Q 的精神胜利法。感恩，是一种歌唱生活的方式，它来自对生活的热爱与希望。感恩之心是一种闪光的智慧，它的光芒将惠及生活的方方面面，一个人学会了感恩就找到了促进个人成长的甘泉，获取了通往成功大殿的金钥匙，也便获得了通晓工作和生活最深处秘密的慧眼。

便利商店的"爱心价"

【模范人生】

天荟商店的前身是石家庄市的一家蔬菜门市部,刘荣秀从售货员干起,到组长、副经理,再到现在的经理岗位,她以自己的人格力量凝聚职工,以优质的服务赢得客户。

2003 年 5 月是抗击"非典"的严峻时期,刘荣秀却带领一支特供小分队,往来于石家庄 16 家防治"非典"定点医院,一线医护人员正在与病魔作殊死搏斗,刘荣秀的小分队也没有退缩,而是以低于平时零售价的价格给医院送货,而且不收任何送货费用。"劳模精神的核心就是奉献,当时正是我回报社会的时候。"刘荣秀这样说。

天荟商店还把关爱投向了社会困难群体。在刘荣秀的倡议下,天荟商店创办了"爱心求助"便利店,店里每件商品都有两个标签,除了标有一般市民的购物价格外,困难职工和低保户还可凭证件享受几乎没有利润的"爱心价"。几角钱对于一般人来说可能无足轻重,但对低收入者来说则可能相当沉重,即使单位利润受点损失,但能帮助那些困难的人,是很有意义的事情。

只要我们真正把顾客当亲人,把奉献当作对社会的感恩与回报,是可以实现商店的社会效益与经济效益的双赢。

【精神榜样】

奉献是积极主动的。个人的奉献在于主观愿望的伟大体现。奉献

是不计报酬的给予，是"有一分热发一分光"，是"我为人人"。奉献者付出的是青春、是汗水、是热情、是一种无私的爱心，甚至是无价的生命。因为有人奉献，社会的物质财富和精神财富才会不断增加，人类才会不断前进。奉献者收获的是一种幸福，是一种崇高的情感，是他人的尊敬与爱戴，是自己生命的延长。

从"受哺"到"反哺"的蜕变

【模范人生】

从过去政府扶持创业到现在帮助残疾人就业，从过去从医到现在又办起了食品加工厂，从"受哺"到"反哺"，赵华完成了美丽的人生蜕变，在让自己人生精彩的同时也让更多残疾人的人生变得精彩。

遂宁市荣达食品厂是我市首个工疗厂试点企业，该公司的法人就是赵华。走进车间内，机声隆隆，工人们正忙碌地工作，与一般的车间不同的是，这里的一些残疾人轮椅和拐杖显得格外令人瞩目。据赵华介绍，从生产、管理到销售厂里总共有23人，其中18人是残疾人，龙池村的残疾人龚成礼从2009年9月该厂投产以来就在这里上班，他右腿和右手残疾，过去做梦都没想到自己也能走进企业上班的他，现在每月有固定的收入，开心不已。

说起赵华，了解他的人都为他竖起大拇指，1975年，他的左下肢因病落下三级残疾，他自强不息，曾卖过沙石、开过美食店、办过干面厂，最后选择从医。1995年5月，遂宁市船山区新桥镇社会康复站成立。这是当时遂宁市第一个乡镇残联组织和乡镇残疾人社区康复站。作为站长的赵华，主动承担了建立残联和社区康复站的2万余元费用，他要扶助所有的残疾兄弟姐妹们站起来，自强、自信地求生存发展。他凭借自己精湛的医术，有了一定的积蓄，但是他大多用于扶贫济困。

每年春节期间，赵华都要拿出3000多元给全镇的重度残疾人家庭送去现金和年货；每年"助残日"，他都要拿出2000多元给全镇的残疾人家庭送去化肥等农用物资。1997 年，赵华为龙池村小学捐赠现金 1 万元，设立"奖学基金"。每年总要出资 1000 多元，为全区各乡镇订《中国残疾人》和《爱心》杂志。2003 年"非典"期间，赵华用 3000 多元为全镇中、小学校购买过氧乙酸消毒液，并义务担当起全镇返乡人员的调查和医学观察工作……他给自己立下了一条规矩：对残疾人、军烈属、独生子女、特困户一律优先优惠服务，即便身无分文，照样可以诊病治病。作为下肢残疾人，行动不便是个大难题，为了给病人消除病痛提供方便的治疗服务，赵华一直坚持上门治病，夜间也不例外，并且还免收出诊费用。十多年来，赵华义诊人数已逾 3 万人次，免收各种诊、疗、药费共计 12 万余元，助残资金 10 万余元。

人们敬佩赵华，不仅敬佩他作为一名残疾人身残志不残，热爱生活、勇于拼搏的乐观主义生活态度，更敬佩他本身残疾却能在自己富裕后，解决近 20 名残疾人就业问题，助人为乐、为社会分忧解难的无私奉献精神。为此，他得到了群众的广泛赞誉，也受到了各级党委、政府的赞赏和表彰。1993 年被国家卫生部医政司评为"全国优秀乡村医生"；1997 年被遂宁市人民政府评为"扶残助残先进个人"，被四川省残联、省人事厅评为"四川省自强先进个人"等。

作为企业的法人代表，赵华始终有一个信念，不仅要创造经济效益，更主要的是要承担社会责任，对残疾人的供养义务。残疾人干活都不快，效率低，影响经济效益，有人给他出主意，让他辞掉几个残疾职工，新招一批身体健壮的工人，提高经济效益，可他都回绝了。他说，我自己就是残疾人，也要把企业建成残疾人就业、养活残疾人的地方，更要对得起政府的关怀和社会的信任，他是这样说的，也是这样做的。

他虽然身体残疾，却用聪明的大脑和勤劳的双手"闯"出了属于自己的精彩人生。赵华，这位身残志不残的勇者，不仅在追求着自己的人生目标，更树立了残疾人创业的榜样，也为 20 多名残疾人的生活撑起了一片绿荫。

【精神榜样】

　　心怀感恩，宛如在我们的躯体中植入了一种叫使命感的基因，然后以一股浑厚之力迅速扩散至我们全身，影响我们的整个精神状态，进而改变我们的一举一动，它又像暮鼓晨钟一样，时刻提醒我们保持谦卑和上进的心态。感恩让你承担起一份责任，把成就自己的优良品质化作实际的行动，以这种方式去感谢一个组织，去感谢帮助过自己的人，珍惜工作、热爱生活、心怀爱心，才能真正对得起给你恩惠的人。

用生命书写的永恒彩虹

【模范人生】

张华 1958 年出生于黑龙江省虎林县一个革命军人家庭，小学、中学时一直品学兼优，连年被评为三好学生，曾出席县、地积极分子代表大会；在地方农场劳动时，他是劳动模范、优秀共青团员干部，曾出席县共青团代表大会。1977 年参加中国人民解放军后，多次受到奖励，是岗位练兵标兵。

1979 年，张华加入了中国共产党。1979 年秋，他以沈阳军区空军系统第一名的成绩，考取了第四军医大学空军医学系。他在日记中写道："我活着就要为人民群众解除痛苦，这是我最大的幸福。"他时刻以雷锋为榜样、立志要做"时代的英雄"，在学习、思想、作风、纪律、道德各方面严于律己。在学校，他是军人委员会副主任，利用假期办小报，宣传学校的好人好事，给学员家长寄发喜报。

张华以奉献为乐。有一年，张华暑假回家探望父母，正赶上当地山洪暴发，张华只和父母打了个照面，就转身上了工地，参加抢险救灾……他凭着好水性打捞的东西堆成了一座小山。直到第二天凌晨，他才回到父母的身边。他被誉为"军营里的好战士""校园里的好学员"。

1982 年 7 月 11 日，第四军医大学学员张华来到康复路西侧赵永茂开办的裁缝铺修改一件不合身的短袖衬衣。这时，西安市灞桥区新筑公社 69 岁老汉魏志德在疏通粪道时被沼气熏晕，跌入粪池。呼救声传来，张华迅速向粪池赶去。

当张华赶到粪池时，魏志德已俯卧在粪水中。裁缝铺老板李正学正准备下去救人，张华一把拉住李正学说："你年龄大，让我下去。"他把手里的东西放到一边，迅速脱掉身上的军装，沿着竹梯下到了粪池。老汉这时只有头发露在外面。张华左手握住梯子，右手从1米以外的粪水中拽过老汉，一把抱在腰间，对着粪池上的人群喊："快放绳子，人还活着！"话刚喊完，粪池里浓烈的沼气把张华也熏倒了。"扑通"一声，他同老汉一起跌进粪水之中……张华牺牲的时候才24岁。

张华为救人而牺牲的消息传到校园，同学们很受感动。同学们噙着眼泪，纷纷从十多公里外的临床医院驻地赶回学校，向他的遗体告别。学校内，同学们在学员大队营房、食堂、礼堂等地，自发组织了一场盛大的悼念活动。第四军医大学淹没在一片白色的挽联、花圈的世界里。

这年7月，张华因救人而牺牲的消息一直刊发在全国许多报纸的显著位置。在兰州军区授权下，第四军医大学党委决定，追认张华为革命烈士，授予他优秀共产党员称号，并追记一等功，其骨灰就近安放到西安烈士陵园。中国人民解放军总后勤部向全军发布了"关于开展向张华同志学习的决定"；教育部、卫生部、共青团中央、全国学联等部门也先后发出向张华学习的通知和号召。全国掀起了向张华学习的高潮。

【精神榜样】

有的人像雨后彩虹，虽然短暂，但绚丽的色彩永远被人铭记。生命对任何人来说都是极为宝贵的，谁都不会轻易放弃，但张华能不惜牺牲自己的生命去挽救他人的生命，这是伟大的。善待他人的生命，勇于伸出援助之手去救助濒危的生命，张华的英勇之举充分阐释了什么才是生命的真正价值。

爱的奉献，情满人间

【模范人生】

在"义演"舞台，他是"歌手丛飞"，8年间，"义演"300多场次，义务服务时间超过3600多个小时；在178个孩子嘴里，他是"爸爸丛飞"；他仅在贵州山区就捐助了100多名贫困、失学的山区娃；在深爱他的妻子心中，他是"男人丛飞"；在许多人眼里，他是"好人丛飞"。丛飞说，我是歌手，是"义工"……

1994年，丛飞到四川参加失学儿童募捐"义演"，他捐出了身上仅有的2400元。主持人告诉他，这些钱可以使20多个孩子重返校园。这场"义演"，是歌手丛飞资助失学儿童的起点。10年间，他"帮困助弱"，捐款累计达300多万元；在被确诊胃癌后，竟无钱支付住院费。

丛飞在"非典"期间因100多名孩子的学费而欠下了17万元债务。尽管他坚持还债，但"债主"们态度坚决：一笔勾销……为感谢人们的关怀，歌手丛飞赶制了一张《丛飞愿你幸福》的纪念版CD，收录了16首歌曲。在包装盒封面，他写道："也许将远离我挚爱的舞台，但我还是把我心中最美好的歌献给关爱我的朋友们……"

歌手丛飞向家人提出两个愿望：死后捐献眼角膜、有用器官造福他人，并将遗体捐献给医院作医学研究；拒绝接受住宅局送他居住的一套四室两厅住宅，"只能向社会奉献，不能向社会伸手"。

【精神榜样】

　　有人把人生的境界分为"小我""大我""忘我"3个层次。"小我"者，利己也，只顾自己而不顾集体；"大我"者，热衷于为社会作贡献，但缺乏献身精神；只有"忘我"者，才能像一滴水融入在大海里一样，具有无私奉献的精神。丛飞正是一个"忘我"者。他扮演的角色各异，生活的变化也无常。即使面对胃癌的折磨，他依然在巨大的变化面前乐观坚强。

百姓眼中的"平民慈善家"

【模范人生】

　　一个不识一字的小餐馆老板娘的至善之心，她坚持表达了 17 年。她让人们相信，在经验世界里确实存在着纯粹，这种纯粹来自心灵深处。

　　据统计，李玉兰自 1990 年至今，累计向社会捐款 17 万元，先后无私资助 23 个省市的 100 多名贫困失学儿童、赡养 7 位无儿无女的孤寡老人。17 万元，对于通常意义上的慈善家来说，是一个不起眼的数目，但对于李玉兰来说，一个全家 11 口人仅仅依靠一个二三十平方米小餐馆维持生活的个体经营者，无疑是凝结了前半生血汗的一笔巨款。

　　她的家庭并不富裕，家人经常一起吃剩饭剩菜，穿最廉价的衣服，甚至身患多种疾病却舍不得住院、吃药，而是把从牙缝里省下的钱、拖着虚弱病体开小饭店攒下的血汗钱，慷慨地资助给社会的弱势群体。李玉兰的伟大与平凡交相辉映，让我们每一个平凡的人有一种向善的冲动。

　　1990 年的一天晚上，李玉兰夫妇在电视里看了一条希望工程的公益广告，在很多偏远的农村，有的家庭极端贫困，连孩子上学的钱都拿不出来，有的孩子仅仅上了几年学，就不得不辍学，帮家里干农活儿。李玉兰感慨良多，第二天，向儿子李江平询问了捐款的一些手续。她要儿子当天就帮她联系捐助的事，并说要多帮几个孩子。她自己没有文化，也饱受没有文化之苦，她希望所有的孩子都有书读，都能成才。

李玉兰的仁爱之心是持久的。从 1997 年开始，她每月给山东郯城县泉源乡长埠岭村的 7 位五保老人汇去 210 元，一年后又增加到 350 元，十多年从未间断。为帮助老人打发寂寞时光，2002 年春节，她又给老人们买了一台大彩电。

李玉兰还在自己的饭馆里办起了少儿图书阅览室，专供那些家庭贫困买不起图书的孩子阅读。她还有一个美好的愿望，随着饭馆生意的逐渐好转，准备以自己的名义建立一个"失学儿童救助基金会"，为更多贫困家庭的孩子免除失学之忧。

【精神榜样】

对社会付出爱心，李玉兰用她的方式表达得持久、真切，是扶弱济困、乐善好施、守望相助的博爱情怀；是舍己利人、尽其所能、锱铢可济的无私品格；是克勤克俭、甘于清贫、报效社会的忘我情操；是牢记宗旨、情系群众、毁家纾难的奉献精神。爱默生说："美德具有至高无上的价值，它是一种伟大的品格，在所有价值中它处于最高的位置。"李玉兰在默默的奉献中诠释美德。

耄耋老人的支教事业

【模范人生】

白方礼，生于 1913 年，是天津市河北运输场的一名三轮车夫，拉了一辈子三轮车，1974 年从运输场退休。1987 年白方礼回老家探亲看到许多孩子因家庭贫困而辍学，于是时年 74 岁的白方礼决定重新蹬三轮车赚钱赞助贫困学生。

从此，白方礼就开始了他 74 岁之后的资助生涯，开始时是自己蹬三轮车，把蹬车挣来的钱全部捐给贫困生，自己的生活却像个乞丐。从来不买新衣服，他身上的衬衣、裤子、鞋子、袜子都是捡来的，饮食也极其简单，经常是两个冷馒头，一瓶凉水，加一点咸菜。白方礼在捐助过程中，发现贫困生远比自己想象中要多得多，他心里沉甸甸的。回到家后，他把家里的两间老屋卖掉，办起了一个"白方礼支教公司"。所谓的"白方礼支教公司"就是火车站边的一个 8 平方米的铁皮小售货亭，经营些糕点、烟酒什么的。白方礼把支教公司所有的盈余都捐给天津的几所大学、中学、小学，自己依旧天天外出蹬三轮赚钱。卖了老屋后的白方礼老人就天天睡在车站边的货亭里，床是两摞砖上放一个木板和一件大衣，白方礼老人就这样蜷缩在里面度过了一个又一个酷夏和寒冬。后来市政府整治街道，白方礼也失去了得以栖身的小屋，于是他就用一块摊开的塑料编织袋布和四根小木杆撑起了一个只有半人高的小棚。暴雨之后，经常能看到老人在太阳下晒被雨水浸湿的被褥。

一贫如洗的白方礼老人，节衣缩食把自己蹬三轮车的所得全部捐给了教育事业。从 1988 年到 1996 年，白方礼的累计捐款总额超过 35 万元，其中包括 300 多名大学生的学费与生活费。

即使这样白方礼从没想过要得到回报。捐助的款项，也大多是通过学校和单位送到受助学生手里的，老人从没打听过学生的姓名。当问老人对受他资助的孩子有什么要求时，老人的回答很朴实："我要求他们好好学习，好好工作，好好做人，多为国家作贡献。"

是什么支撑着这个古稀老人用超过生命极限的努力孜孜不倦地奉献出自己的所有？是感恩祖国的力量。白方礼老人曾说："我这样一大把年岁的人，又不识字，没啥能耐为国家作贡献了，可我捐助的大学生就不一样了，他们有文化，懂科学，说不定以后出几个人才，那对国家贡献多大！我是老劳模，就得多为国家做点事，多作点贡献……"

言犹在耳，声声不绝。白方礼已经永远地离开了我们，但是他的精神受到了无数人的敬仰，他用赤诚之心和实实在在的行动铸就了生命的高度。

【精神榜样】

在感恩的氛围中，人们对许多事情都可以平心静气；在感恩的氛围中，人们可以认真、务实地从最细小的一件事做起；在感恩的氛围中，人们自发地真正做到"严于律己，宽以待人"；在感恩的氛围中，人们才能正视错误，互相帮助；在感恩的氛围中，我们才能成就生命和事业的辉煌。

我是导游，先救游客

【模范人生】

在身受重伤的危急时刻，她将生的希望留给了游客，把死的威胁留给了自己。湖南省湘潭市年轻女导游文花枝在生死关头，用自己的行动赢得了人们的敬意。

2005年8月28日，突如其来的车祸发生在欢歌笑语的旅途中，让原本气氛轻松的车厢顿时陷入了极度的恐慌。旅游大巴车被撞得严重变形，车内血肉模糊，乱作一团。这时，车厢里传来导游文花枝"挺住！加油"的鼓励声。这个声音虽然微弱，却透着一股沉稳、坚定，像黑暗中的一线光束，让受伤、受惊的游客从死亡的噩梦里看到生的希望。事后许多亲历者都说，正是这个很有穿透力的声音，给了大家支撑下去的勇气。

其实，在这起6人死亡、14人重伤、8人轻伤的重大交通事故中，文花枝是伤得最重的一个。但她一直牢记着自己的神圣职责，在死神肆虐面前不停地为大家鼓劲、加油。施救人员一次次向她走过来，她总是吃力地摇摇头说："我是导游，我没事，请先救游客！"

文花枝是最后一个被救出来的，多次昏迷的她左腿9处骨折，右腿大腿骨折，髋骨3处骨折，右胸第4、5、6、7根肋骨骨折。在危险、痛楚到来的时候，文花枝真正做到了将生死置之度外！当地处理事故的交警赞叹说：这个导游真不错，少见的顽强啊！

因为延误了宝贵的救治时间，医生为文花枝做了左腿截肢手术。

她才20多岁，正是一个女孩最宝贵灿烂的年华。在文花枝出事后，许多人为她捐款，有一家公司想资助她的弟弟上大学，却被文花枝谢绝了。

所有见过文花枝的人，都会深深地记住她那灿烂的笑容，而当提到她今后的打算时，文花枝依然是一脸阳光般的笑容。

【精神榜样】

文花枝在生与死那一刻作出的选择令人动容，她敢于奉献的精神在那一刻体现得淋漓尽致。如果说智慧像金子一样珍贵的话，那么，还有一样东西更珍贵，那就是勇于奉献的精神。在工作中，拥有奉献精神的人，就是社会的一面旗帜，可以感染和鼓舞其他人，使社会形成良好的氛围，更加利于社会的进步和发展。

心怀感恩，善行天下

【模范人生】

张子玉，男，1959年生，经济师，现任吕梁泰化集团董事长兼总经理。1993年创办企业以来，秉承"恪守诚信、追求卓越"的宗旨，不断践行"发展企业、奉献社会"的核心价值观，艰苦创业，开拓创新，企业不断发展壮大，由创业初期的一座加油站发展成为一家大型民营股份制企业，企业下设20个单位，员工2000多人。

20年来，泰化集团在企业发展壮大的同时，勇于承担社会责任，积极投身慈善公益事业，在推动文化教育事业发展、完善城乡基础设施、扶贫济困及抗震救灾等方面捐款捐物总额超3亿多元，为和谐社会建设作出了突出贡献。

2006年起，张子玉以个人名义对贫困大学生实施资助，每年确定5~15名家庭特困大学生，无偿资助其大学期间的全部学费。同时，每年确定10~20名家庭暂时贫困的学生实施一次性资助。截至2012年，连续7年资助贫困大学生188名，目前已有40名受资助大学生毕业，他们有的读研，有的已在国企就业。

多年来，张子玉先后为身患重症无力医治的20多名病人资助善款100多万元。2009年华北地区特大雪灾发生后，他组织动员公司力量为300多名旅途受阻人员无偿提供住宿，免费供应食物药品等生活必需品，得到市、区领导和受助人员的一致好评。

2004年，泰化集团想政府之所想，急百姓之所急，创办了泰化学校，公开承诺："企业办学、回报社会、育人教书、永不取利。"几年来累计投资 8000 多万元，不断扩大教学规模。目前，学校拥有全日制小学、初中、高中 40 多个班级 2500 多名学生。2009 年响应政府号召，将学校无偿交由区政府接管后，每年坚持出资 200 万元补助办学经费、资助特困生、奖励优秀教师和学生。经过不懈的努力，泰化学校已成为吕梁民办教育界的一面旗帜，被评为"山西省民办教育优秀单位"。

近几年来，泰化集团致力于推动城乡教育均衡发展，为离石区康家岭、七里滩等 20 多所农村小学捐款捐物达 3000 多万元。其中，捐资700 万元新修七里滩村标准化学校，为离石江阴中学捐赠 500 万元图书、体育器材，极大地促进了全区教育事业的发展。2011 年以来，先后两次向中国政法大学教育基金会捐赠 850 万元，被该校授予"中国政法大学教育发展杰出贡献奖"。

近十多年来，泰化集团累计出资 2500 多万元赞助或主办以"泰化杯"冠名的各种文体赛事 50 届次。其中，举办 5 届吕梁市篮球邀请赛、10 届吕梁市篮球赛、5 届吕梁县处级领导门球赛、6 届石州锣鼓大赛。2007 年举办 CBA 男篮季前对抗赛，2009 年举办中美男篮明星对抗赛，2012 年举办"泰化杯"中美篮球对抗赛，为篮球爱好者无偿赠送门票，改写了吕梁没有高水平球赛的历史。此外，每年组织大型秧歌队参与区政府组织的元宵节文化活动，组织了 5 场周末广场文艺晚会，独资主办了"激情五月，魅力石州"大型文艺晚会，举办"泰化杯"吕梁楹联大奖赛、"今日离石"摄影大赛、2 届吕梁书家泰化笔会，承办山西省民营企业庆祝建党 90 周年主题活动、吕梁市庆祝新中国成立 62 周年老年大学专场文艺晚会、吕梁市老干部建党 90 周年文艺晚会等活动。与吕梁青年晋剧院开展"文企联姻"，每年捐赠 50 万元，为推进文化体制改革和发展文化事业作出了贡献。

致富不忘回报社会，积极履行企业社会责任，泰化集团为新建吕梁老年大学、修建乡村公路、治理荒山荒沟、资助残疾人事业等累计捐款 1540 多万元。2010 年，积极响应号召参与市、区开展的"一企一事一业"活动，投资 2040 万元，新建离石东城六号大桥；2012 年出资 1 亿元兴建了泰怡生态公园，为加快城市建设发挥了应有的作用。

2003 年，捐款 15 万元支持政府抗击"非典"；汶川大地震后，张子玉董事长第一时间为灾区捐款 30 万元；山西王家岭透水事故发生后，率先捐款 50 万元。

一分耕耘，一分收获。多年来，泰化集团董事长张子玉潜心发展壮大企业，积极履行社会责任，赢得了社会各界的广泛赞誉，受到各级党委、政府的多次表彰奖励，先后荣获"第三届全国道德模范提名奖""全国五一劳动奖章"等荣誉称号。

【精神榜样】

感恩是一种境界，一种发自内心的情感，这种情感不是仅仅限于一种表面化的感谢或者报恩。它更是深层次一种理解和反省，然后是一种奋发。因为感恩的独特之处，不仅仅停留在表面上张口即能完成的感谢，而更在于实实在在成绩的回报，由此而产生的知恩图报的强烈感情将会催生内心强大的驱动力。多年来，张子玉始终用善举不断弘扬中华传统美德，诠释当代企业家的情怀。在企业不断发展的同时，张子玉积极履行社会义务，为构建和谐社会作出了贡献。

有事找小董

【精神榜样】

董学法是北京市朝阳区的劲松五区小区里一名普通的保洁员，如果不说，大概谁也不会想到，就是这位来自安徽的打工汉子，声名早就传遍了北京的胡同巷里。

为了让小区居民在上班时就有个好心情，他每天凌晨5点钟就起床扫地搞卫生。保洁员的工作结束后，他一有机会就帮着小区居民做点事情。虽说自己只是个保洁员，但是他从来都把社区当成自己的家，把社区的居民当成自己的亲人。好管闲事的本性让他在干完清洁卫生工作后，常常主动帮着小区居民们无偿干些零碎杂活儿。哪家有人病了需要看病住院，他就主动帮着把病人背下楼；谁家要搬家，他就主动帮忙楼上楼下地搬东西；哪家需要买米买面，他也主动帮着张罗；有位住6楼的老太太，记性不好，每月至少有两三次出门忘带钥匙，每次都是董学法冒着危险，从邻居家的阳台爬到她家开门。最多一天，小区里竟有4户人家忘带钥匙找他帮忙。对于这些，董学法无怨无悔，他说只要是对社区有利的事情、对居民有益的事情他都会主动去做。

董学法是个热心肠，除了给大伙儿帮帮忙，他还当起了小区的义务巡防员。从1994年开始，每天中午12点到下午1点半，晚上7点到10点，董学法便开始在小区义务巡逻。根据他掌握的规律，这个时间最容易丢自行车。小区里共有6000多居民，见了面，他都能说上这人住几楼几单元几号；院里160多辆汽车，每个车号他都记得八九不离十。

他曾经与不法分子搏斗过 33 次，其中有 15 次是为了保护人民群众的财产而光荣负伤。他累计抓获不法分子 100 多人。同时，他截获各类赃物 500 多件。

付出总有回报，好人一生平安。当董学法的女儿生病急需用钱时，小区的居民们伸出了援助之手，用爱给了他最大的支持。十几年的朝夕相处，居民们早已喜欢上了这位热心的安徽汉子，而董学法也离不开他扎根的小区。

【精神榜样】

默默奉献的人都不以位卑而消沉，不以责小而松懈，不以薪少而放任。董学法塑造着一个小人物的不凡形象，而他朴实无华的本色却从未改变。工作开心，与大家相处和睦，这是小董始终如一的生活目标。董学法的经历告诉我们：不计得失，不分职位高低，不分工作贵贱，只要爱岗敬业，刻苦钻研，进取奉献，都可以在平凡的工作岗位上干得有声有色，轰轰烈烈。

开往春天的公车

【模范人生】

答朝荣是阜阳市公交公司的一名乘务员，她看上去像一位亲切的邻家大姐。脸上总是挂着淳朴的微笑，脚上常年穿着一双平底布鞋。声音嘶哑则是因为她每天要成百上千遍地报站名、提醒乘客。

尽管如此，答朝荣毫无怨言。在刚上任之初，答朝荣就许下诺言："一切为了乘客，为了乘客的一切。"从1994年至今的4380天里，她每天披星戴月、早出晚归，总共出车35040趟。她用自己的微笑和热忱，感动了千千万万的乘客。人们将"阜阳的李素丽"这样崇高的赞誉送给了她，并亲切地称她为"老年人的女儿，小孩的阿姨，病人的护士，残疾人的拐杖，盲人的眼睛，孕妇的亲人，远方客人的向导"。

为了把工作做好，答朝荣想乘客之所想，用心琢磨服务方法，在每个细微之处进行改进。经过长久的实践，她逐渐形成了自己独特的服务风格：不管盛夏寒冬，她坚持早出晚归，每天两次清洁车厢卫生。为了使乘客享受到温暖、周到、细致的服务，她苦学各项标准用语，练好服务的基本功。为了熟悉站点和票价，她把城市各个站点、票价写在小纸条上，反复背诵，做到熟记于胸，并在实践中灵活运用。在服务过程中，她扶老携幼，想乘客之所想，急乘客之所急，帮乘客之所需。老人上下车，她必定抢先一步上前搀扶；遇到带孩子的妇女，她必定帮助乘客抱孩子并为他们找好座位；遇到上学的孩子，她会再三叮嘱他们过马路当心车辆。经常有电话、表扬信对她提出表扬。

为了提醒乘客不要错过目的地，每次报站名时她一定会多报两次；为了尽快地服务到每位乘客，她自己一直坚持站着服务；为了防止乘客下车碰头，她每次上下站踮着脚，用手挡住车门顶端，护着乘客……为了保证每位乘客坐上车就像到了家一样，答朝荣就自费为乘客在车上准备了晕车药、针线包，还亲手给老人的座位缝制了棉垫。

她的敬业，不仅体现在对乘客无微不至的关怀上，她对自己的要求也非常严格。12年来，她最早上班时间为4点半，最晚在晚上11点半才能回家。因为担心迟到影响工作，她每天睡眠不足6个小时，租房时都会选择在公司附近。

12年的乘务员生涯，3万多趟的出车经历，很苦，也很累，但答朝荣始终无怨无悔。她用每一次无微不至的真情服务，给乘客送去了许许多多的感动和温暖。

【精神榜样】

答朝荣对自己的奉献无怨无悔，在无言付出与细微周到的服务中，送给乘客的感动也是历久弥新。在人一生中我们得到了许多人的关心和帮助，对此，我们要做的是把这份爱心传递下去，通过我们的辛勤工作传递给客户、亲友、社会……我们的生活还有很多不完善的地方，正如阳光底下还有阴影一般，但社会之所以不断进步、给人信心，就在于有很多人在阴影下干着光明的事情。如果我们满怀感恩，做好每一项工作，那么这个社会会越来越光明。

第六章

海阔凭鱼跃，天高任鸟飞

中国铁路第一人

【模范人生】

詹天佑原籍江西婺源县，出生于广东南海县，也是中国最早的一位杰出的爱国工程师、铁路工程专家。1872年，年仅12岁的詹天佑到香港报考了清政府筹办的"幼童出洋预习班"。

在美国，出洋预习班的同学们，亲眼目睹北美西欧科学技术的巨大成就，对机器、火车、轮船及电讯制造业的迅速发展赞叹不已。有的同学由此对中国的前途而产生悲观情绪，但詹天佑怀着坚定的信念说："今后，中国也要有火车、轮船。"

他带着为祖国富强而发奋学习的信念，刻苦学习，1878年，他以优异的成绩毕业于纽哈芬（New Haven）希尔豪斯（Hillhouse）中学。同年五月考入耶鲁大学土木工程系，专攻铁路工程。在大学的4年中，詹天佑刻苦学习，以突出成绩在毕业考试中名列第一。詹天佑在美国先后就学于威士哈芬（West Haven）小学、纽哈芬（New Haven）希尔豪斯（Hillhouse）中学。1878年，他以优异的成绩完成中学的课程，考取了美国著名理工大学伍斯特理工之后，又相继考取了耶鲁大学土木工程系学习铁道工程学。

1881年，他以优异成绩毕业于美国耶鲁大学，并撰写了题为"码头起重机的研究"毕业论文，获学士学位，并于同年回国。回国后，詹天佑入马尾船政学堂学习。学成后，他被派往福建水师旗舰"扬威"号任炮手，参加了马尾海战。

战后被调入黄埔水师学堂任教习，然而当时的中国，由于封建顽固派极力反对修造铁路，以致英雄无用武之地，他被迫改学驾驶海船，耽误了七八年。

1887年，"中国铁路公司"在天津成立。第二年，经留美同学邝孙谋推荐，才得以干他精通的铁路工程工作，成为中国第一名铁路工程师，开始负责修筑塘沽到天津的铁路，仅用70多天就完成了铺轨工程。后又参加修筑天津至山海关的铁路，需要在滦河修一座铁桥，面对英、日、德工程人员建造这座铁桥的相继失败，他毅然挺身承担造桥任务，最后出色地完成了全部工程。

詹天佑这一生的最大贡献就是成功地修筑了京张铁路。1905年，他担任京张（北京—张家口）铁路总工程师。这条路穿过八达岭，全长360华里，工程之艰巨为他处所未有。

他亲自勘察，选定路线；在北京青龙桥东沟，采用"人"字形轨道，用两台大马力机车调头互相推挽的办法，解决坡度大机车牵引力不足的问题，又与工人一起，采取各种措施，解决隧道工程中渗水、塌方等困难，用两端凿进法开凿居庸关。京张铁路于1909年竣工，比原计划提前两年，总费用只有外国承包商索价的五分之一。

京张铁路建成典礼后詹天佑又先后担任了张绥铁路、川汉铁路总工程师，商办粤汉铁路粤路公司总经理兼总工程师。辛亥革命后，他任汉粤川铁路会办兼总工程师、督办等，克服种种困难，修建了从武昌至长沙，总长365千米的铁路。

詹天佑晚年编写出版《京张铁路工程纪要》《京张铁路标准图》等工程技术书籍，以及《华英工程词汇》这部我国最早的土木工程辞典。1919年，詹天佑不幸逝世。

中华工程师学会为该会第一任会长詹天佑在青龙桥车站建了一座铜像，永远纪念这位杰出的爱国铁路工程师。他还被称为"中国铁路第一人"。

【精神榜样】

　　詹天佑在国内一无资本、二无技术、三无人才的艰难局面面前，满怀奉献热情，受命修建京张铁路。他以忘我的吃苦精神，走遍了北京至张家口之间的山山岭岭，只用了4年时间就修成了外国人计划需7年才能修完的京张铁路。詹天佑曾说："生命有长短，命运有沉升，初建路网的梦想破灭令我抱恨终天，所幸我的生命能化成匍匐在华夏大地上的一根铁轨……"

祖国人民恩重如山

【模范人生】

1964 年，谭铁牛出生在湖南省茶陵县一个并不富裕的乡村。穷困的现实使他很小就明白了这样的道理：几把锄头挖不出一个富裕生活，一根扁担挑不出一个现代化的农村。出路在于掌握知识，依靠科学。谭铁牛性格坚忍执着，他发奋刻苦学习。在煤油灯下推导数学公式，半山坡上记忆英语单词，黄牛背上背语文课文。1978 年谭铁牛高考入学成绩全县第一，本以为可以如愿地上高中，但家里贫困的现状无情地将他的愿望打碎。县政府和茶陵一中得知此情况后，破例减免了他的学杂费，同时给予最高助学金，让他顺利地完成了两年的高中学习。谭铁牛牢记这段经历："没有家乡人民的支持，便没有我的今天。祖国和人民恩重如山，乡村学子终生不忘！"

后来谭铁牛如愿考入西安交通大学，并于 1985 年获得教育部的资助，获得了到世界著名的伦敦大学帝国理工学院求学深造的机会。

在异国求学，谭铁牛顺利获得了帝国理工学院的硕士与博士学位，并于 1994 年通过公开竞聘获得英国知名学府雷丁大学的终身教职。他以自己的勤奋工作和卓越成果，赢得英国和其他国家同行的称赞，成为该领域小有名气的中国科学家。在英国期间，谭铁牛不仅打好了良好的学术基础，也拥有令当时留学生羡慕的住房等生活条件。身在海外的谭铁牛，始终没有忘记祖国的恩情，也一直在寻求机会回国报效祖国。

　　机会终于到来了。1996 年年底，谭铁牛凭借中科院推出的"百人计划"，成功地实现了他回国的愿望，在与妻了双双向雷丁大学辞职妥当之后，1998 年谭铁牛终于如愿以偿地回到了祖国的怀抱。

　　回国后，谭铁牛在实验室开辟了几个新的研究方向，包括动态场景的计算机视觉监控、基于人的行为和生物特征的人物识别与身份鉴定以及数字多媒体数据的水印处理等。1998 年，谭铁牛获得国家杰出青年科学基金和人事部"优秀留学回国人员"科研基金，并经激烈竞争入选国家"863"智能计算机专家组成员。

　　谭铁牛负责的模式识别国家重点实验室科研硕果累累，他负责自行研制的虹膜识别系统更是打破了国外仅有的几家公司对此项技术的垄断。2000 年 10 月，模式识别实验室作为中文的代表正式被接受加入国际电话语音翻译联盟。谭铁牛还在国际重要的学术期刊和国际学术会议上发表论文 250 多篇，申请 20 项发明专利。

　　回国之后，在谈到归国后的工作经历时，谭铁牛说："作为一名炎黄子孙，民族振兴是自己的期盼；作为一个中国公民，效力祖国是自己的义务；作为一名共产党员，为民服务是自己的天职；作为一名青年学者，科教兴国是自己的使命；作为一名回国学子，扎根故土是自己的归宿。现在我是在为自己的国家效力，是以主人翁的身份干事。虽然比起在国外来路走得多了，觉睡得少了，但生活更充实了，心里也更踏实了。"

【精神榜样】

　　恩重如山与感恩是一种生活态度。在生活中，你大可以抱怨生活的单调无聊，你也会抱怨生活的平庸不起眼，但是你从不会知道生活经验的累积、生活乐趣的体验、人生机遇的获得都在你"理所当然"的抱怨声中离你远去，人生中不懂感恩便无法尽自己所愿尽情品尝生活的甜美果实。

 **最纯洁的淘粪人**

【模范人生】

时传祥，男，生于 1915 年，汉族，山东省齐河县人，中共党员。时传祥是从赤贫里成长起来的。幼年时地主逼死了他的父亲，寡母领着 6 个孩子实在无法生活，使他不得不在 15 岁时就出外逃荒谋生。他流落在北京城郊，饿得坐在路边哭了起来。一个捡粪的老头儿把他领回家去，叫老伴儿给他做顿饭吃。他一连吃了 4 个大窝头还没吃饱。第二天，老头儿去帮他找活儿。那时候到处都不缺人，只有去粪霸手下淘大粪。在旧中国，淘粪工不仅受到社会的歧视，还要受行业内部一些恶势力的压榨和盘剥。时传祥在这些粪霸手下一干就是 20 年，受尽了压迫与欺凌。

新中国成立以后，党的阳光照亮了淘粪工的生活，也照亮了淘粪工的心。新中国给了他做人的尊严，工人阶级当家做主使他扬眉吐气，他对党充满感激。时传祥用一颗朴实的心记住了一个道理：淘粪也是社会主义建设事业的一部分。他把淘粪当成十分光荣的劳动，任劳任怨，满腔热情，全心全意为人民服务。就这样，新中国成立十多年来，他无冬无夏地、挨家挨户地给首都群众淘粪扫污。

1959 年，时传祥作为全国先进生产者参加了在北京召开的全国"群英会"。10 月 26 日，国家主席刘少奇在人民大会堂湖南厅握着他的手，亲切地说："你淘大粪是人民勤务员，我当主席也是人民勤务员，这只是革命分工不同。"时传祥高兴地表示："我要永远听党的话，当一辈子淘粪工。"从此,时传祥成为载誉全国的著名劳动模范。《人民日报》、中央人民广播电台等新闻单位都对他的事迹作了报道。他更加努力,更加热爱本职工作。

"工作无贵贱,劳动最光荣。"1964年,时传祥被选为第三届全国人大代表。1966年国庆节,时传祥被选为北京市先进工人代表,参加了国庆观礼,并和观礼团一起住进了中南海。在人民大会堂,为观礼团举行的国宴上,周恩来向时传祥敬了酒,朱德给他夹了菜。直到最近,时传祥之子说时纯利见到当年参加观礼团的全国劳模、北京"背篓商店"负责人王砚香,老人还跟他话起当年,记忆犹新:"朱德委员长说,老时,你是干重体力活的人,不会喝酒,可要多吃菜呀。"那年国庆节,时传祥登上了天安门城楼。

1966年,"文革"开始。因为1959年的那次握手,时传祥跟着刘少奇遭逢厄运。1966年11月,时传祥被扣上莫须有的罪名,成为"工贼""粪霸",被挂上沉甸甸的牌子整日游街。"淘粪工人时传祥"的故事也从课本中消失。家中所有的照片资料一夜间都成了劳模的罪状被抄毁。一年多的时间,时传祥已经被批斗了586场次。

1971年,时传祥全家被遣送回山东齐河老家。到1972年秋天,精神和肉体上的长期折磨,令这个身高一米八几、一次能背起200多斤粪的汉子垮了。他常断断续续地念叨:"俺时传祥是个好人,不是工贼……"1973年8月,毛泽东主席、周恩来总理得知此事后,立即指示有关部门将他接回北京,政治上予以平反,恢复名誉,生活上给予照顾和安排。

时传祥对劳动的热爱是发自内心的。1975年5月19日,在北京宣武医院,时传祥在弥留之际,把四个子女叫到身边,说了两句话,一是:"孩子们,我淘了一辈子大粪,被人看不起,但我对淘粪是有感情的。"二是:"我向主席汇报工作时说,各行各业都需要有人接班,我唯一的一个愿望是你们接好我的班,这个班不是我个人的班,这是党和国家的班!"时传祥至死都坚信劳动是最光荣的。遵照他的遗愿,4

个孩子都进入了环卫系统工作。

【精神榜样】

他以无私奉献的崇高品质赢得了全社会的尊重，他向人们生动诠释了劳动的光荣和生命的价值，他是全心全意为人民服务的优秀典范。时传祥精神涵盖3个层面上：对事业的不求回报和全身心地为社会付出上的人生追求；全心全意为人民服务的崇高人生境界和思想情操；爱岗敬业的奉献精神。"时传祥精神"已经成为文明社会中的社会普世价值观和道德品质。无论社会如何变革，追求文明发展的社会，时传祥的精神永远会被推崇和弘扬。

火红的"小扁担精神"

【模范人生】

杨怀远，男，1937年出生，汉族，安徽省庐江市人，中共党员。1956年入伍，1960年杨怀远从部队复员到上海海运局，曾先后担任原交通部上海海运局和平14号轮、大庆11号轮的生火工、服务员、副政委、政委。让他获得无数荣誉的是在本职工作之外的一根根扁担。上船下船的时候，他用扁担将旅客的行李挑上挑下，完全是义务服务。直到1997年11月退休，38年中，他始终以雷锋为榜样，甘当人民的挑夫，为旅客排忧解难，被旅客誉为"老人的拐杖""孩子的保姆""病人的护士"。而他的肩膀上隆起了两块被扁担磨出来的像肉馒头一样的肉疙瘩。

1991年，杨怀远被调到跑香港线路的豪华大客轮。他最担心的一件事是能不能把小扁担在这个豪华轮上挑下去。通过细心观察，他发现了大吊车做不了的"空当"，于是他的小扁担又派上了用场。为了更好地为旅客服务，他开始自学广东话和英语，这个几乎没有读过书的服务员，很快掌握了英语基本会话。有人作了统计，杨怀远在沪港客轮上的6年多时间中，挑担超过1.2万担，磨破了四五件工作服。一些老人为了等待杨怀远的服务，宁肯晚一个月买票，也要坐他这艘船。

他挑着一根为人民服务的小扁担，从青年、中年挑到了老年，始终不计报酬，全心全意为人民服务，被誉为"小扁担精神"。曾经被他帮助过的群众在他的47根扁担上写满了饱含真情的话语。他获得全国交通战线学习毛泽东著作标兵、全国劳模、五一劳动奖章、上海市优秀共产党员等荣誉近60项，受到了邓小平、江泽民等中央领导的接见。杨怀远的事迹不仅传遍全国，而且名扬海外。

杨怀远曾被提升为船舶副政委。但他闲不住，实际上还是做着客运服务员的工作，像害上了职业病那样。"文革"时，红卫兵对他说："你为旅客服务的阶级性到哪里去啦？你是为修正主义服务。"他被攻击为"走资派培养的黑标兵"。他的小扁担被粗暴地折断，他遭到无休止的批斗，不断地写检查、参加批判会，但这阻止不了杨怀远为旅客服务的热情。

20世纪70年代，杨怀远担任船舶政委，并作为基层代表参加局党委的五人核心领导小组。杨怀远就认准了一条，为人民服务总没有错吧。在船上，他仍然坚持为旅客挑扁担，从"五七"干校学习回来后，主动要求带着政委职务到各个客轮顶服务员的班，弄得排班的人不好意思。有人开始提意见："难道不挑扁担就不是为人民服务了吗？""政委挑扁担，是不务正业！"杨怀远听了心里不好受，就主动辞去领导职务，甘当一名普通的服务员。

杨怀远在1997年光荣退休，不得不离开自己所热爱的岗位。耐不住寂寞的杨怀远"退休不退职"，继续发挥余热。用他自己的话说，退休后他在家做了4件事：一是关心下一代，参加百老德育讲师团作报告；二是继续做服务员，扎拖把送给孤老和革命纪念馆；三是锻炼身体；四是写顺口溜。

说起曾经获得的劳模荣誉，杨怀远表示这些都不值一提。虽然对于曾经获得的荣誉非常淡泊，但是当初颁发给自己的那些奖状都还十分小心地保存着。杨怀远说留着这些奖状是为了鞭策自己："要好好工作、好好为人民服务。如果工作做得不到位，那么就没脸见人，也没脸见这些奖状。"

对于脍炙人口的"小扁担精神"，杨怀远说："小扁担是在特定的历史环境下，为人民服务的一种手段罢了。我只是在自己的工作岗位上履行一个共产党员的义务，我所做的都是应该的，谈不上什么精神。"他用自编的顺口溜表达了自己将"为人民服务"进行到底的决心："生命不息，奋斗不止。人生在世何所求？只求为人民服务到白头。不向前看，向客看。永做人民老黄牛，到了白头还不停留。"

【精神榜样】

杨怀远说："我为人民挑扁担，春夏秋冬挑不闲；挑得冰雪化春水，挑来凉风送暑天。我为人民挑扁担，越挑越觉心里甜；万里征途跟党走，肩挑扁担永向前。""小扁担精神"彰显的是热爱人民、艰苦奋斗的坚定信念，代表的是一种助人为乐、淡泊名利的奉献观。这种精神永远值得每一个人学习。每一个人都应该怀着对人民、对工作的无比热爱，以实际行动传承"小扁担精神"，在自己的工作岗位上为祖国的发展作出自己的贡献。

黄河源头的守望者

【模范人生】

谢会贵，黄河源头一位平凡的看水人。从20岁到50岁，他将人生最美好的年华默默奉献给了黄河源头与水文事业。谢会贵曾用这样一句话描述自己坚守高原30年的事业，朴实而令人感动："我干的工作很平凡，就是看黄河水，测流取沙看水位，只要肯吃苦，认真去干，就能把工作干好。"

在高寒缺氧、环境恶劣的条件下，他用非凡的吃苦精神在雪域高原痛并快乐着；用极度的忍耐精神战胜了情感的寂寞，把平凡阐释到了极致，并进而升华为伟大。

玛多县城是青海省海拔最高的县城，高寒缺氧，四季寒冷，工作和生活环境十分艰苦，当地人均寿命仅为54岁左右。当地流传说，在玛多工作是"40岁前拿命搏钱，40岁后拿钱保命"。在这样的环境下，谢会贵坚持了30年，他不仅要忍耐高原地区恶劣的自然环境，更要忍耐的是挥之不去的精神上的折磨和情感上的寂寞。

谢会贵同志工作上非常投入又很能吃苦，站上人少，外业测验他总是抢着下水，让别人作记录。再厚的冰，他总是主动想尽各种办法打开。他还兼着队上的司机，巡测时必须出车，另两个站均距玛多60公里，老谢开着车，到后照样测流，还专拣重活儿苦活儿干，等于一个人干了两个人的活儿，没有额外待遇，也没有怨言。在站上他每天总是第一个起床，为炉子添煤、烧水、做饭，有时也到山上转转，算是锻炼身体，然后就到河边看水位。平时有点小病，很难受也不吭声，除非别人看出来强迫他休息。这些年，谢会贵同志每年平均要穿坏三四条胶皮裤，而作为兼职司机，从手扶拖拉机、摩托车、解放牌卡车、跃进客货两用、北京吉普、切诺基到如今的皮卡，经他手开坏的车辆也有八九辆了。

谢会贵就是这样一个人，凭着坚定的信念，凭着对黄河的感情，守护着黄河，守护着理想。

【精神榜样】

谢会贵在坚守黄河中让理想熠熠生辉，让人生光彩夺目。从他的事迹中我们感受到的是一个人不能无所事事地终其一生，应该试着把自己的爱好与所从事的工作结合起来，不管做什么，都要从中找到快乐，并且要真心热爱所做的事。在主动奉献中，我们一定会获得快乐和内心的满足。

默默奉献"老黄牛"

【模范人生】

1980 年，26 岁的李长明从插队的地方返城，分配到乐山环卫车队。从此，他的生活就开始沿着这样的轨迹周而复始地运行着：每天早上 4 点起床，5 点 15 分出车，穿过城市的大街小巷运走垃圾，上午 10 点走完一遍；下午 3 点，同样的工作又重复一次，直到晚上八九点钟收车回家。

自 1994 年开始，连续 13 年全年无病事假，无大小责任事故，每年奉献 50 多个休息日。就是这样辛劳的作息时间，李长明整整坚持了 26 年，26 年里相当于每年多工作两个月，26 年等于正常上下班的人干了 31 年的活儿！在他"与垃圾打交道"的 26 年中，总计清运垃圾超过 20 万吨，等于搬走了一道绕城一周的垃圾厚墙；开环卫车行程 120 多万公里，相当于绕地球 30 圈。

环卫局共有 50 多辆垃圾车、扫地车、洒水车，每年工作量排名第一的几乎都是李长明，超定额最多还是他。仅 2005 年，李长明就运送垃圾 1000 多车，6000 多吨，超额 50% 完成任务。

无论天晴下雨，星星都一样在轨道上运转，而李长明就像星星一样，无论严寒酷暑，无论这个城市的居民们是在取暖还是在避暑，李长明都一样在绕着轨道不停息地运行着。

2006 年 10 月 12 日凌晨，李长明像往常一样，和伙伴们一起开着洒水车，准备洒完最后一车水就回去休息。突然一阵疲倦袭来，支撑不住的李长明靠在了方向盘上。同事们以为他太累了，睡着了。没想到，这一"睡"，年仅52岁的他再没有醒来。

他走得那样悄无声息，就像他生前总是像老黄牛一样默默奉献。

【精神榜样】

李长明的一生都像老黄牛一样，在自己的工作岗位上默默奉献，踏踏实实地干好每一件事情，最终成就了自己的辉煌人生。世界上没有任何工作是卑微的、不足道的，只要做这项工作的人是杰出的、不同凡响的。无论你贵为君主还是身为平民，都不要看不起自己的工作。如果你认为自己的劳动是卑贱的，那你就犯了一个巨大的错误。重要的是不论面对任何工作，你都有乐于奉献的心。

从伐木模范到植树英雄

【模范人生】

1933 年，20 岁的马永顺从家乡河北省宝坻县头沟庄来到数千里之外的东北林区，只因为听人说关外好讨生活。谁知，住的是地窖子，吃的是橡子面，还要受日本监工、林区把头的欺凌和压迫，一年流血流汗，还常常拿不到工钱。1948 年，马永顺来到黑龙江省铁力林业局，由旧日的"臭苦力"成为第一代林业工人。他满怀喜悦地投身到社会主义新林区的开发建设中。

新中国成立初期，百废待兴，黑龙江林区成为支援国家建设的重要物资基地。当时的伐木工人用的仍然是过去两人使的大肚子锯，不安全，采伐效率也低。有丰富采伐经验的马永顺经过多次试验，将大肚子锯改成一人使的弯把子锯，使安全系数和采伐率大大提高。1948 年冬季，马永顺一人就完成了 6 个人的工作量，创造了手工伐木年产量 1200 立方米的全国最高纪录，威震大兴安岭。

随着林业生产的发展，职工队伍不断扩大，生产事故时有发生，生产效率受到影响。马永顺就边伐木边琢磨，对自己用过的"元宝茬""月牙茬""对口茬"等 10 多种放树方法，逐个进行试验、比较，总结出一种人安全、树保险、效率高的放树方法——安全伐木法。这个方法在全省林区推广以后，使劳动效率普遍提高 35% ~ 50%。他创建的马永顺工组高产安全伐木 35 年。

俗话说："人巧不如家什巧。"马永顺不仅伐木技术好，锉锯也有高招。本所的工人找他锉锯，附近作业所也有人扛着锯来向他请教，为此，马永顺常常干到深夜。东北森林工业总局便又帮助他总结出一套四季锉锯法。就这样，马永顺创造的《安全伐木法》《四季锉锯法》成了全国手工采伐作业的教科书。1951年，马永顺加入了中国共产党。他多次被评为黑龙江省特等劳动模范和全国劳动模范，并14次受到毛泽东、周恩来等老一辈革命家的接见。

1959年，马永顺进京参加全国群英会，受到了周恩来总理的亲切接见。马永顺一直都记得当时的情景。周总理拉着他的手语重心长地说："你们不光要多出木材、出好木材支援国家建设，同时还要多造林，实现越采越多、越采越好。青山常在，永续利用。"他估算了一下，他为共和国建设大半辈子采伐原木大约36500棵，欠大山这笔情，要用上山植树造林来还上。

经过马永顺的不懈努力，绿色一年年扩展，林子一年年长高。1982年，年事已高的他要退休了，却惦记着自己砍伐的树还有8000多棵没栽上，"这个欠账不还完，我死不瞑目。"此后，他风里来雨里去，爬山翻坡，植树造林。从1982年退休后到1999年底，他坚持17年造林不止，他和家人已植树5万多棵。1998年，他因此荣获了联合国环保奖。

在马永顺的精神激励下，他所在的林场已累计造林1000多亩。"青年林""三八林""红领巾林""个体林""奉献林""老有所为林"遍布山脚下、山坡中、山头上。仅1999年，该场就造林4700亩。马永顺的精神，已不仅仅在马永顺林场和铁力林业局开花，也在黑龙江省森工林区遍地开花。

【精神榜样】

在共和国的英雄谱中，马永顺的名字格外响亮。50年前，他是全国著名的伐树英雄；50年后，他是闻名遐迩的植树模范。半个世纪中，他的命运始终与大山紧紧连在一起。"奋战林海功勋著，再造山川惠子孙。"马永顺的事迹在东北林区乃至全国范围传开，并引起热烈的响应。千千万万个马永顺，正用他们辛勤的劳动、执着的奉献播种着新世纪绿色的希望。

"敦煌的女儿" 樊锦诗

【模范人生】

　　樊锦诗，女，1938 年出生，汉族，浙江省杭州市人，中共党员。1963 年樊锦诗从北京大学历史系毕业后，面对北京与上海的选择，毅然选择了千里之外的西部小镇，一来敦煌就再也没有离开。其实，幼年时得过小儿麻痹症的她身体一直很弱，并不适合到艰苦的环境中工作，但她偏偏选择了敦煌。

　　坐了 3 天 3 夜的火车，再转乘汽车来到敦煌，迎接她的是一片荒凉的戈壁滩。晚上没有电灯，房子里没有自来水，房子是土块的，门都是透风的，吃的是窝窝头和高粱米。生在北京，长在上海的她习惯了大城市的阁楼，江南的和风和大米。对于敦煌的环境和条件，她苦不堪言。看着和她抱有同样目标的年轻人一个个离敦煌而去，她却坚持了下来。因为她觉得敦煌的莫高窟实在是太美了。

　　在西部干燥并有着风沙侵袭的环境中，她的皮肤在戈壁狂风中变得粗糙，她的外形在漫天黄沙中变成了村姑。1964 年的一天，恋人彭金章从武汉过来看她，碰面时几乎认不出她来。1968 年，他们的第一个孩子在敦煌出生了。23 年之后的 1990 年，拗不过妻子的彭金章只好放弃了他在武汉大学创办的考古专业，来到敦煌与妻子团聚。

　　40 多年来，樊锦诗潜心于石窟考古研究工作。她先后牵头完成了莫高窟北朝、隋朝以及唐代早期分期断代的研究工作，成为学术界公认的敦煌石窟分期排年成果，这一批学术成果至今影响着这一领域的研究发展。她撰写的《敦煌石窟研究百年回顾与瞻望》是对 20 世纪敦煌石窟研究的总结和思考。由她主编，香港商务印书馆出版的 26 卷大型丛书《敦煌石窟全集》则是百年敦煌石窟研究的集中展示。

在她的发起和直接参与下，《敦煌莫高窟保护条例》于 2003 年颁布实施；由三国四方参与起草的《敦煌莫高窟保护总体规划》于 2005 年通过专家论证；敦煌研究院与美国盖蒂保护研究所等多个国外科研机构展开了合作，一大批先进技术和理念运用到敦煌遗产保护当中；敦煌研究院与国内外科研机构开展了持续合作，数字技术被运用到敦煌遗产的存储和展示当中。

2003 年，樊锦诗提出的《建设莫高窟游客服务中心的建议》，最终促成了莫高窟历史上规模最大的综合保护工程——敦煌莫高窟保护利用工程的实施。在她的带领下，敦煌研究院主动承担起辐射和带动国内其他文物保护的责任。2005 年，古代壁画保护国家文物局重点科研基地在敦煌研究院揭牌。2009 年 7 月，国家古代壁画保护工程技术研究中心又落户这里。

樊锦诗的头上爬满了越来越多的银发，可年逾古稀的她一刻也不懈怠，还在为敦煌殚精竭虑。从 1963 年自愿分配到敦煌工作以来，在此扎根 46 年，她把人生的大爱和智慧全部献给了敦煌文物保护事业，她已经把全部的身心与敦煌融为一体。因此，人们称她为"敦煌的女儿"。

她使莫高窟的保护管理工作走上了科学化、法制化、规范化的道路，被誉为"我国有效保护、合理利用和精心管理文化遗产的典范"。她数十年来为敦煌莫高窟的永久保存和永续利用作出了突出贡献，得到了党和政府及社会各界的高度评价和褒扬。从她的身上，人们知道了有一种精神叫热爱。

【精神榜样】

樊锦诗是知识分子的榜样和旗帜。在她身上，不仅体现了一个优秀知识工作者应有的风范,还体现了一个为祖国和人民乐于奉献的伟大形象。在物欲横流、作风浮躁的今天,樊锦诗甘于寂寞、乐于奉献的精神尤其值得我们年轻的知识工作者学习。正如她所说的那样:"年轻人无论如何要有追求,要有点奉献精神……如果所有的年轻人都只是想着求名求利,没有一点奉献精神,那我们的国家和民族还有何希望可言呢?"我们应像她一样,耐住寂寞,强调奉献,为祖国的发展贡献最大力量。

他圆了中国人的航天梦

【模范人生】

杨利伟，1965年出生在辽宁省绥中县。绥中靠近渤海湾，儿时，面对蓝色的大海，他有一个梦想，希望有一天，能像海鸥那样，向着蓝天飞去。他的梦想在2003年10月15日得以实现。这日9时整，杨利伟乘由长征二号F火箭运载的"神舟"五号飞船首次进入太空。杨利伟非常激动地对太空说，中国人真的来了。

舷窗外，阳光把飞船太阳能帆板照得格外明亮，蔚蓝色的地球披着淡淡的云层，杨利伟遥看人类美丽的家园。从前只能在电视屏幕上看到的外国人拍摄的太空美景，此刻真切地被他尽收眼底。他像个贪婪的孩子遥看舷窗外，忘记了休息，只想用眼睛和手中的摄像机记录下这神圣的时刻。

与杨利伟一起飞上天的是亿万中国人的自豪之情。中国人航天梦想的实现让杨利伟百感交集。他深深知道，没有国家的强盛，没有改革开放，没有经济的腾飞，没有科技的飞速发展，就不会实现高新技术集成的载人航天事业的跨越，更不会有中国人的飞天圆梦。是祖国的强大才使航天梦想成真。

1983年，18岁的杨利伟考入空军第八飞行学院。四年后成为空军一名歼击机飞行员。1996年初夏，他接到通知，参加航天员初选体检。初检通过后，他又被安排到北京空军总医院参加临床体检。在杨利伟眼里，航天员是个非常神圣的职业，他特别希望能走进这支队伍。经过几个月的考核，临床医学和航天生理功能各项检查指标，杨利伟都达到优秀，从 800 多名入围者中脱颖而出。

刚进入北京航天员训练中心的头 3 年，为了夯实理论基础，杨利伟每天都是晚上 12 点后才睡觉。第一次考试，除了从俄罗斯留学回来的两位教练员，他的成绩在新入选的航天员中排名第一。

经过 5 年多的学习和训练，杨利伟以优异成绩完成了八大类 58 个专业的所有任务，并顺利通过了航天专业技术综合考核。1998 年 1 月，他和其他 13 位空军优秀飞行员一起，成为中国第一代航天员。2003 年 7 月，杨利伟经载人航天工程航天员选评委员会评定，具备了独立执行航天飞行的能力，被授予三级航天员资格。2003 年 9 月，他和聂海胜、翟志刚被确定为首飞梯队航天员。

2003 年 10 月 15 日 8 时 59 分，指挥员下达"1 分钟准备"口令。指挥大厅里传出了清晰的口令：10、9、8、7、6……这时，屏幕上出现杨利伟向大家敬了一个标准军礼的画面，全场顿时掌声雷动。在这样的特殊时刻，杨利伟敬礼向大家致意告别，充分体现了他良好的心理素质和强大的人格魅力。

21 小时 23 分钟的"飞天之旅"中，杨利伟的全部操作没有出现一次失误。飞船总设计师戚发轫对杨利伟的太空飞行高度评价："不是一般的成功，而是非常成功；不是一般的完美，而是特别完美。"

2003 年 11 月 7 日，杨利伟从时任中央军委主席的江泽民手中接受了"航天英雄"称号，在人民大会堂获得了奖章和证书。面对祖国和人民给予的最高荣誉，杨利伟说："感谢祖国和人民对我的培养，光荣属于祖国，光荣属于人民，光荣属于千万个航天人。我为祖国感到骄傲，我将继续努力工作，时刻准备接受祖国和人民交给我的任何任务！"

【精神榜样】

杨利伟所展现出来的载人航天精神是"两弹一星"精神的传承和

升华，归根结底，是伟大民族精神的延伸和扩展。它浸润于我们每一个人的血脉，植根于我们每一个人的心灵。无数的航天人长年累月、默默无闻、尽职尽责地战斗在各自岗位上，奉献了青春年华，奉献了聪明才智，奉献了热血汗水。航天人团结协作、无私奉献的高尚境界，永远激励我们为了祖国和人民的崇高事业而奋斗。

知青旗帜邢燕子

【模范人生】

邢燕子，女，1941 年出生，汉族，天津市人，中共党员。1958 年，17 岁的邢燕子只是天津一名普通初中毕业生。她从天津城里回到宝坻乡下。但她当时可不是为了赶"下乡"的潮流，8 年后，中央才提出"知青上山下乡"的口号。

邢燕子下乡，最初目的很简单，陪伴独自在乡下的爷爷。那时候，她父亲是天津某工厂副厂长，没人指望这个城里的漂亮姑娘能在乡下待多久。谁都没想到两年后的 1960 年，作为"邢燕子突击队"的队长，19 岁姑娘邢燕子居然登上了《人民画报》的封面，成为全国学习的榜样。

邢燕子刚到乡下那会儿，闹了很多笑话：村里分配她到厨房，让她烧稀饭，她看着稀饭马上要跑出来了，却只能急得乱叫："快来人！粥跑了！"旁边有老大爷逗趣说："你快跪下来给粥磕头，磕了就不跑了。"邢燕子身上有着不怕吃苦、韧性十足的品格，没过多久，她就成了一把种地好手。

在经过两年的锻炼后，19 岁的邢燕子被安排到了生产第一线。20世纪 50 年代末，全国都在搞"大跃进"，村里劳力紧缺，男劳力就只剩下 8 个。她就琢磨：这劳力不够啊，要想完成任务，一定得动员村里的女劳力。就这样，邢燕子先将村里的妇女劳动力聚集起来，组成了一个妇女"生产突击队"（后改名为"邢燕子突击队"），大家跟男人一样干活儿做工，按邢燕子的话就是"哪里有需要就到哪里去"。

村里每年都有很多年轻小伙子响应号召到外地支援建设，剩下许多老弱妇孺。1959年夏季蓟运河水位上涨，司家庄以西百十米有一条护河土堤，是庄上庄稼丰收的重要保证。邢燕子带领姑娘们主动承担堆"土牛"的任务。一个"土牛"一立方土，每间隔两三米堆一个，以备汛期抢险补漏。堆"土牛"是公认的重活儿，邢燕子带领的姑娘队不但完成了任务，还自愿要求增加20立方米的土方。

从1960年开始，全国范围内出现粮食供应紧张，司家庄也不例外。为避免受到灾害影响，天气还没暖和，邢燕子就带领姑娘们去地里了。天气冷，土地硬，她们花费了平常几倍的力气，才将粮食播种完成。由于时间早，这里的麦田避开了自然灾害的影响，提前获得丰收。青黄不接时，邢燕子带领姑娘们在村里老人的指导下居然在一个水坑里一下子打出了几百斤鱼虾。靠着这些措施，村民们渡过了灾荒。

邢燕子的事迹被报道后，在全国引起强烈反响。1973年的中共第十次全国代表大会上，邢燕子当选为第十届中央委员会委员。此后，又连续当选第十一届、十二届中央委员。此后，邢燕子还当选为中共天津市委书记，分管全市的农业和知青工作，是不驻会的市委书记，也是不拿国家工资的市委书记。

邢燕子不拿工资，仍在村里记工分，与社员的报酬一样，拿的只是队里女劳动力的平均分。除了开会时作为代表参与讨论、发表意见外，她绝大多数的生活仍然是在最基层的农村，养猪、起猪粪、打猪草，生活在当时依然十分拮据，甚至经常和丈夫到大洼里为家里拾柴火。

1981年，邢燕子来到天津市北辰区一家知青农场担任农场党支部副书记。在这里，邢燕子依然是劳动者的榜样。上班时间邢燕子挑着大桶撒肥、帮小卖部售货员售货，一天工作十四五个小时，哪里需要她，她就去哪里。

【精神榜样】

　　邢燕子经历了艰苦生活的考验，数年如一日地忘我奉献，为农村社会主义建设事业做出了突出成绩，在我国农村经济最困难的时期成为"发愤图强、扎根农村、大办农业"的青年典型。她的先进事迹引起全国青年学生的强烈反响，成为影响一代人的青年标兵。邢燕子常说："我是一个农民。"这简单、朴实的话语背后，是一颗纯朴、真诚的心。她和她所在的那个时代的许多青年，在自觉与不自觉中，把自己的一生与党和国家的命运紧密相连。"听党的话"，是一种发自内心的真诚与信仰。

为党分忧，为民解难

【模范人生】

　　吴天祥，男，1944 年出生，汉族，湖北省钟祥市人，中共党员。1990 年，46 岁的吴天祥走上新的工作岗位——湖北省武汉市武昌区信访办副主任。在这个平凡的工作岗位上，他默默工作，无私奉献。数年间，他接待上访群众万余次，处理问题近万个，积极为贫困户排忧解难。为帮军属解决住房困难，他曾骑着自行车在武昌与汉口之间跑了 7 趟；为了疏通居民院的公厕和下水道，他跳进窨井清除障碍；为了资助有困难的群众，他省吃俭用……他说："民之难即党之忧，共产党的干部就是要为党分忧，为民解难。"

　　1994 年，有一对夫妻两人同月下岗，家庭陷入困境。祸不单行，一次意外火灾又将小家烧了个精光。在感觉"天塌下来"的时候，吴天祥为他送来了 500 元钱，成了吴天祥的"穷亲戚"。1999 年，在吴天祥的帮助下，这对夫妻开了家防火门厂。此后，企业像雪球一样越滚越大，产值从当初的几万元发展到千万元。致富后，成为"富亲戚"的他们回过头来帮助吴天祥的其他"穷亲戚"。

　　这就是吴天祥带来的示范效应。他不仅在物质上帮助了很多人，还激励了很多人加入助人为乐的队伍。吴天祥在帮助百姓的过程中，发明了很多行之有效的办法，其中一条就叫"发动群众帮群众"。在社区再就业培训班上，他鼓励大家、督促大家，社区洗衣店办起来了，红领巾小餐桌办起来了，敬老院、家电维修点办起来了，在武昌，再就业社区如雨后春笋般涌现出来。

吴天祥的精神被广为传颂，形成广泛的群体效应。1996年6月，吴天祥所在的武昌区信访办率先成立了以吴天祥名字命名的先进群体"吴天祥小组"，提出了"学习吴天祥，奉献在岗位"的口号，引起了强烈反响。如今，成千上万个"吴天祥小组"遍布社会各个角落，在各行各业默默无闻地奉献着自己的真情与爱心……像一束束烛光照亮社会，像一场场春雨润泽民心。

1996年，吴天祥出任武汉市武昌区分管信访工作的副区长。职务变了，可为人民群众排忧解难的心没有变。他把自己家里的电话向市民公开，为的是让老百姓多一条求助的渠道。有时家里一天到晚都是电话铃声，他叮嘱家人，不论谁在家，群众打来的电话都得认真记录。吴天祥说："联系群众不是做给领导看的，百姓找我，不方便怎么行？"

2003年，吴天祥从副区长的位置上退了下来。退休后的他依然将办公室和家中电话向群众公开，24小时接受群众求助，依然每天早上6点多起床，到区政府传达室接待群众。他每天收阅群众来信，不仅做到每件必阅、每件必签，而且要做到每件必有结果。吴天祥总是这样说："人退休了，为群众服务不能退休。"

近年来，在他的帮助下，有600多名下岗职工实现了再就业，50多名刑满释放人员找到了工作。除拿出自家7万多元的积蓄扶危济困外，他用自己的房产做抵押，为6户资金困难的创业者申请到总计12万元的贷款。当别人问他打算何时"退休"时，他激动地说："我还没有退休的打算，就算以后休息了也不会闲着，做个普通的信访接待员，继续为人民服务。让更多的老百姓说党好，是我的追求。"

【精神榜样】

一个人做点好事不难，但像吴天祥这样一做就是40多年，实属不易。他的生命轨迹，对"以服务人民为荣，以危害人民为耻"的观念，作了最好的诠释。他的精神境界已经超越了"推己及人，博爱天下"的善行观，而把为绝大多数人谋利益当作了人生的最大乐趣和最大幸福。奉献人民，是用生命注解的书，是用心灵开拓的路，是共产党员旷达胸怀的写照。相信，以他为榜样，将会有更多的吴天祥涌现出来。

第七章

野火烧不尽，春风吹又生

一切要为人民打算

【模范人生】

在中国革命史上，王若飞是一位广为群众熟悉和热爱的革命先烈，他的事迹充满了传奇色彩，充分体现了共产党人的高风亮节。他幼年丧父，由其舅父，著名教育家黄齐生先生抚养。上学期间，成绩优异。由于喜爱《木兰辞》中"万里赴戎机，关山度若飞"诗句的雄奇与豪放，故改名王度，字若飞。

青年时代的王若飞就投身于革命。贵州辛亥革命期间，参加贵阳学生卫队，担任稽查城防工作，日夜不疲。1918 年，王若飞东渡日本留学。五四爱国运动爆发后，王若飞毅然回国，投入革命斗争。1920 年，王若飞赴法国勤工俭学，并与周恩来、蔡和森等组成"中国共产主义青年团旅欧支部"，他是负责人之一。1923 年由党派遣，王若飞经柏林去莫斯科东方大学深造。

1925 年 3 月回国后，王若飞在中原地区大力发展党团组织，积极开展以工人运动为中心的各项工作，为推动中原地区的革命运动作出了贡献。他发表文章宣传马列主义，号召全国工人和农民团结起来支持上海工人的罢工斗争。后来，亲自到京汉铁路和陇海铁路工人中间进行宣传组织工作。

1931 年，王若飞任中共西北特委特派员，参与领导西北地区包括陕、甘、宁、晋、绥、新等地农民斗争，开展土地革命。在内蒙古包头，因叛徒出卖，王若飞被捕。

在长达 5 年零 7 个月的监狱生活中，王若飞大义凛然，在敌人的法庭上据理力争，宣传中国共产党的主张，大谈马克思主义。他还在狱中写下了2万多字的长信，劝国民党绥远主席傅作义站在中华民族革命战争的立场上，坚定地动员民众和军队抗战。

敌人曾将王若飞押赴刑场，玩弄假枪毙恫吓他，他不怕敌人的威逼利诱，坚持与敌人斗争到底，还揭露国民党镇压人民、出卖国家和人民利益的罪恶行径。

全国抗战爆发前夕，王若飞被党组织营救出狱，回到延安工作。王若飞先后任中共陕甘宁边区委宣传部部长、华北工作委员会秘书长、中央秘书长等职。其间，他在深入调查研究的基础上，撰写了许多政治、军事文章，参与研讨和制定了许多关于抗日根据地建设的政策、指示，对推动抗日根据地各项建设事业作出了重要贡献。

抗战胜利前后，王若飞曾作为中国共产党代表之一，多次参加同国民党的谈判。以他出色的学识与口才战胜了对手。1945年8月，王若飞与毛泽东、周恩来一起作为中共代表赴重庆同国民党谈判，签订了"双十协定"。谈判期间，他日夜操劳、呕心沥血，协助毛泽东、周恩来工作。

1946年1月，王若飞代表中共方面出席在重庆召开的政治协商会议。在会上，他按照党中央要求，既坚持原则，又掌握灵活的斗争策略，在改组政府和国民大会等重大问题上，团结各民主党派，同国民党的独裁政策进行了针锋相对的斗争。

1946年4月8日，王若飞乘飞机由重庆回延安向党中央请示汇报工作，飞机行至山西兴县黑茶山，不幸遇险失事。"一切要为人民打算"，这是他当年临别重庆时对周恩来说的最后一句话，这句话成了他对人民、对党的遗言。周恩来在悼念王若飞时说："失掉了他，好像失掉了一种力量，失掉了一种鼓励，失掉了一个帮手。"

【精神榜样】

王若飞以自己的生命，实践了他"一切要为人民打算"的诺言。

人生的价值，不是用时间的长短来计算的，而是用宽度去衡量的。正如王若飞所说："为了保存一个人的生命，而背叛了千万人的解放事业，遭到千万人的唾弃，那活着还有什么意思?"英雄模范，无一不是为追求理想的人生目标而鞠躬尽瘁、死而后已，今日的我们也要拓展生命的宽度，用不断奉献来实现人生价值的最大化。

为信仰奋斗，为真理献身

【模范人生】

　　萧楚女（1893—1927），原名树烈，学名楚汝，字秋。中国共产党早期革命活动家、理论家。1922 年，中共派萧楚女前往四川，他以国教员的身份先后在几个学校任教，在学生中传播革命思想，组织读书会，秘密建立了万县地区最早的社会主义青年团组织。他还兼任《新蜀报》主笔。

　　该报每天刊出的政论或社论，绝大多数出自萧楚女的手笔。同时，他经常给《向导》《中国青年》撰稿。他的文章，笔锋犀利，战斗性很强，矛头所向，不是"指责土酋军阀，就是痛骂贪官污吏"，连反动派所控制的报刊也不得不赞叹萧楚女的文章是"字夹风雷，声成金石"。

　　萧楚女几乎每天都以"楚女"之名发表文章，很快名声大振。不少男青年猜测他是一位"楚楚动人的女子"，一封封求爱信雪片似的飞到了编辑部。为了避免类似事情再发生，他只好在报上登了一则启事："本报有楚女者，并非楚楚动人之女子，而是身材高大、皮肤黝黑并略有麻子之大汉也。"萧楚女在四川革命的活动，使反动派当局和军阀官僚深为痛恨。他们威胁、胁迫他离川。

　　1925 年 5 月，萧楚女按党组织要求，离开重庆赴上海，协助恽代英参加团中央领导工作和编辑《中国青年》。他的文章以马克思主义的观点和方法深刻地分析了五卅运动中激烈而复杂的阶级斗争，鲜明地勾画出斗争中各阶级的动态，并愤怒地抨击帝国主义及其走狗。

不久，他发表了《显微镜下的醒师派》和《国民革命与中国共产党》两本小册子，一时风行全国，成为革命人民同反动政治派别斗争的锐利武器。

萧楚女按党中央要求于1926年初来到广州协助毛泽东编辑《政治周报》。此外，他还负责给两广和其他地区的国民党"左派"组织编发《宣传大纲》。后又到黄埔军校做政治教官。

萧楚女在农讲所和黄埔军校工作时经常对学生说："同学们，你们想蜡烛不是能放光明吗？做人也要像蜡烛一样，在有限的一生中有一分热，发一分光，给人以光明，给人以温暖。"他形象地形容自己的人生观是"蜡烛人生观"，并以此自励。他是这样说的，也是这样做的。

1926年5月，毛泽东在广州举办第六届农民运动讲习所，萧楚女任专职教员。他负责讲授的《帝国主义》《中国民族革命运动史》和《社会问题与社会主义》3门课，没有现成的讲义，萧楚女就自己动手编写出了3本教材。毛泽东后来回忆说："我是很喜欢他的，农民运动讲习所的教书，主要靠他。"

1927年春，蒋介石向革命者举起了屠刀，在各地制造反革命惨案，萧楚女不畏强暴，奋起战斗。他以笔为武器，夜以继日地撰文揭露蒋介石新军阀的嘴脸和罪行。

他指出：反对三大政策的人"是要从根本上取得革命之领导指挥权"；"中国的革命屡次失败，北伐屡次不能完成，莫非受了内部妥协分子的阻挠！现在又当着这个生死关头了！"

1927年春，他因过度劳累，肺病恶化，住进广州东山医院治疗。

4月15日，萧楚女被反动军警从病房强行拖走关进监狱。7天后，在狱中被杀害。

【精神榜样】

萧楚女曾经说："人生应该如蜡烛一样，从顶燃到底，一直都是光明的。"同时用实际行动诠释了自己的蜡烛人生观。萧楚女为革命事业以笔为武器向敌人宣战，奉献了自己的一生。他用行动告诉我们，活着，就要无私地奉献自我，在奉献中超越自我，人生才更有意义。奉献，应该成为我们每个人追求的信仰。

民族英雄虽死犹生

【模范人生】

　　谢子长（1897—1935），原名世元，曾改名德元，号浩如，化名冬阳，陕北红军和苏区创建人，中国工农红军杰出指挥员。1924年，谢子长从太原学兵团毕业后，怀着改革旧社会、报效祖国的雄心壮志回乡办民团。他带领农民练兵习武，竭尽全力"除豪霸、振衰弱"。为了寻求革命道路，他先后赴天津、北京，参加反帝斗争寻找党组织。

　　1926年年初，根据党的指示，谢子长回安定县继续办民团，利用团总身份进行革命活动，即在陕北党组织领导下，从事革命武装活动。谢子长在家乡组织农民协会，开展农民运动；创办青年军事干部训练班和农民运动讲习所，开展反帝反封建的宣传教育；领导广大农民群众惩处贪官污吏、土豪劣绅，被人民群众称颂为"谢青天"，影响遍及陕北。

　　在陕北领导游击战争中，谢子长多次受伤，身体十分虚弱，后来连走路都困难。一天，战士们抬着他向后方转移。途中，谢子长同志要喝水，战士把他抬到一个老乡家里。这个老乡家很穷，什么东西也没有，孩子在炕上光着身子。见到这种情景，谢子长小声地对身边的同志说："把我那床棉被给老乡留下！"

　　身边的战士知道他就这一床棉被，身体又这样弱，大冬天没有棉被怎么行？便对他说："你就这一床棉被，留给老乡，你怎么办？"他坚定地说："我好办，你们给我找一件羊皮就行了！"在谢子长的坚持下，老乡收下了棉被。

从老乡家出来时，谢子长借机教育战士："我们是老百姓的儿子，必须像对待亲人一样对待他们，如果对老百姓不好，我们就会如丧家犬，革命就要失败。"

谢子长的一生，始终牵挂着老百姓。他病重期间，还经常对身边的人说："如果我就这样死了，我对不起老百姓，我给他们做的事情太少了。"

大革命失败后，反动白色恐怖笼罩陕北。谢子长依靠党组织领导，同强敌针锋相对展开斗争。他与唐澍、李象九、白明善等人按照中共陕西省委的指示，组织发动了著名的清涧起义，在西北地区向国民党反动派打响了武装斗争的第一枪。

起义失败后，谢子长毫不气馁，接着又南下参与了渭华暴动的组织领导工作。这两次起义虽然都失败了，但它影响深远。为创建西北工农红军和根据地积累了经验，在西北革命斗争史上写下了光辉的一页。

谢子长与刘志丹、阎红彦等一起创建了中国工农红军陕甘游击队，开辟了陕甘边革命根据地。执行"左"倾机会主义路线的杜衡，曾两次错误地撤销他的游击队总指挥职务。在蒙受冤屈之际，他毫不灰心，继续从事兵运工作，组织兵变和游击队活动。

1933年年底，中共中央驻北方代表委任他为西北军事特派员。谢子长风尘仆仆地回到陕北，在极端困难的条件下恢复了陕北红军游击队第一支队，壮大了第二、第三支队，建立了第四、第五支队，并协助地方党组织建立赤卫军、少先队、妇女会等，扩大了党和红军的影响。他还指挥陕北游击队和红二十六军第三团粉碎了国民党反动军阀对陕北苏区发动的第一次"围剿"，扩大了革命武装力量，并进行了组建中国工农红军第二十七军的工作。

在河口战斗中，谢子长不顾个人安危，在前线指挥作战，不幸胸部被敌弹击中，身负重伤。他忍住剧痛，坚持指挥，直到战斗完全胜利。当时医疗条件有限，他因伤势不断恶化病逝。

【精神榜样】

谢子长一生驰骋疆场，骁勇善战，胜不矜功，败不丧志，对党和人民的革命事业无比热爱，无限忠诚，为革命的胜利作出了重要贡献，在西北党组织和人民群众中享有崇高的威望。在反动派的白色恐怖下，谢子长不畏强暴，不怕流血牺牲，这种气度与心境也体现了他坚定不移的意志和顽强斗争的精神。谢子长天生就是为寻找正义而来的，为劳苦大众主持工道。谢子长胸怀坦荡，无私无畏，一心为民，始终把担当公平的裁判当作自己的使命。

潜伏成功就是胜利

【模范人生】

邱少云出生于重庆市铜梁县少云镇玉屏村邱家沟的一个贫苦农民家庭里。他 9 岁丧父、11 岁丧母、13 岁就开始了长工的生涯，受尽了地主豪绅的压迫和剥削。1949 年 4 月，国民党反动派作垂死挣扎，妄图挽救西南一隅，逼着穷人当炮灰。邱少云就是在地主的出卖下被强迫去当了壮丁。

苦难的童年生活、悲惨的家庭遭遇，在他幼小的心灵中埋下了仇恨的种子。他盼望光明、盼望解放！1948 年，刘邓大军奉党中央毛主席命令挥师南下。1949 年 12 月成都解放。随之，整个四川获得了解放，邱少云和天下劳苦大众一样获得了新生。渴望为国家作贡献的他毅然参加了中国人民解放军。

1951 年 3 月，邱少云响应毛主席"抗美援朝保家卫国"的伟大号召，渡过鸭绿江，来到抗美援朝战场。在朝鲜，他看到美帝国主义和李承晚的军队对朝鲜人民烧、杀、抢、掠，无恶不作。目睹朝鲜儿童遭受自己童年时代一样的苦难，倍加激起邱少云对帝国主义反动派的仇恨。他暗下决心，一定要为打败美国侵略者贡献自己的一切，包括生命。

1952 年 10 月，中国人民志愿军第一阶段全线性战术反击作战开始，邱少云所在的部队接受了攻占 391 高地的任务。391 高地山势险要，有一个加强连驻守，它是敌人安插在我军前沿阵地的一个"钉子"。拔掉这个"钉子"，不仅可以改善我军防御态势，而且可以对敌人构成威胁。我军阵地到391高地，中间有3000米宽的开阔地。为了缩短冲击距离，在发起攻击的头天夜里，邱少云和战友受命潜伏在距敌只有60多米的草丛里。

那天，刚下完一场雪，万物萧瑟，大地一片寂静。也许是太沉静了，敌人反觉得不安，怀疑我军搞什么名堂，可是又不敢出来巡逻。他们先从碉堡里打出十几发烟幕弹和毒气弹，戴有口罩的邱少云和战友们没受到丝毫影响。随后敌人又派出4架敌机，在我军的潜伏区扔下了几颗燃烧弹，其中有一颗就落在离邱少云两米远的地方。

四散飞迸的汽油燃烧液，溅在他的左腿上。转眼间，他身上被烧着了，火苗腾腾地往上冒。隐藏在邱少云不远处的排长曾纪的心提到了嗓子眼儿：邱少云只要稍动一下，就有可能被敌人发现，整个潜伏行动也就失败。但是英勇的邱少云自始至终没有动一下，任由全身在燃烧，直至牺牲。

潜伏行动出发前，邱少云在决心书上这样写着："潜伏成功就是胜利，就是子弹打在身上，也不动一动。"他用实际行动践行了自己的壮烈誓言。当日下午5时多，我军发起冲击，仅20分钟就攻占了391高地，全歼守敌。战士们都知道这场战争之所以较为容易地获胜，应该归功于邱少云。

为了表彰邱少云崇高的集体主义精神和顽强的革命意志，他被中国共产党志愿军某部委员会追认为中共正式党员，中国人民志愿军领导机关于1952年11月6日给他追记特等功，1953年6月1日追授他"中国人民志愿军一级英雄"称号。同年6月25日，朝鲜民主主义共和国最高人民议会常务委员会授予他"朝鲜民主主义共和国英雄"称号，同时授予金星勋章、一级国旗勋章，并将邱少云的名字刻在金化西面的391高地石壁上："为整体、为胜利而牺牲的伟大的战士邱少云同志永垂不朽。"

【精神榜样】

邱少云同志是视纪律重于生命的典型代表。他那高度的组织纪律性、坚忍顽强的革命意志、高度的自我牺牲精神，永远是华夏儿女学习的榜样。他那惊天地、泣鬼神的无私奉献精神，从20世纪50年代起就广为传扬，威震四海，家喻户晓，深入人心。在他的精神鼓舞下新一代英雄楷模层出不穷，一代又一代的英雄模范为保卫国家的财产和人民的生命安全，涌现出了很多可歌可泣的英雄事迹，为党和人民又立了新功。邱少云的舍小己顾大局、爱国爱民、舍己为人的精神将永远激励着华夏儿女勇敢前进。

用鲜血和生命为祖国服务

【模范人生】

苏宁，男，生于 1953 年，汉族，山西省孝义市人，中共党员。1969 年入伍。入伍以来，苏宁以对党、对祖国、对人民的无比忠诚，在所工作过的岗位上都取得了出色成绩。当战士时他是训练尖子；当班长时他带领全班夺得全团训练比武第一名；当干部时被树为基层干部标兵、优秀指挥员。在走上团级领导岗位后，他严于律己，廉洁奉公，勤奋工作，率先垂范，带领部队从难、从严、从实战出发，苦练军事技术，不仅熟练掌握炮兵业务，而且努力钻研合成作战理论。

他心系祖国安危，着眼于未来战争，一心为提高部队战斗力着想。在做好本职工作的同时，刻苦学习和掌握现代军事科学和军事技术，潜心钻研军事理论，结合军队现代化建设实际，先后撰写了 70 多篇、共 30 多万字的学术论文，其中一些观点受到上级领导机关和军事专家的高度评价。

他还脚踏实地进行部队急需项目的改革，为提高部队战斗力作出贡献。从 1981 年到 1991 年 4 月，他自己完成和参与研制的改革有 162 项，其中 1 项获全军模拟器材二等奖，6 项受到总部、军区机关肯定和推广，1 项获军区科研成果四等奖，8 项被军区、集团军推广。苏宁被赞誉为"炮兵英才"。

1991 年 4 月 21 日清晨，一阵清脆的哨声响起，苏宁带领炮团机关的干部参加越野考核。早饭后，苏宁又第一个来到靶场，他要亲自组织指挥手榴弹实投考核。

投弹开始后，苏宁投了第一弹，给大家作示范。然后按照顺序，一个连一个连地投掷，进行得很顺利。当轮到十二连投掷时，意外情况发生了，一名投弹手由于用劲过大，手榴弹撞在堑壕的后沿，落在不到 1 米外的监护员脚下。

手榴弹哧哧冒烟，在 35 秒内就会爆炸，可监护员一点儿都没察觉。就在这万分危急时候，苏宁大喊一声："快卧倒！"一个箭步，从右侧推开监护员和那名投弹手，双手抓起冒烟的手榴弹，就在扔出去的一刹那手榴弹爆炸了。

一声巨响，气浪把苏宁掀出了 1 米多远。两名战友得救了，而苏宁倒下了。战士们用最快的速度把苏宁送到师医院抢救。经专家会诊：苏宁的双手被炸断，脑子被震烂，脑细胞完全死亡。经过 9 天 8 夜抢救，1991 年 4 月 29 日下午 6 点 8 分，苏宁光荣牺牲，年仅 38 岁。

他用生命实践了他"唯有军人是用鲜血和生命为祖国服务"的誓言。

苏宁同战士情同手足，曾先后 3 次冒着生命危险保护战友。他时刻把人民群众的冷暖挂在心上，看到附近一户以修鞋为业的外地人生活困难，就多次把自己家的豆油、粮食、蔬菜送给他们。他的父母、岳父母都是领导干部，妻子是军医，家庭生活条件较好，但他自己一直过着俭朴的生活。

当参谋长以后，他住的宿舍是一间不足 10 平方米的背阴小屋，却把向阳的大房间让给公勤人员。团领导两次要给他换房子，都被他谢绝。他自己平时花钱十分节省，别人有困难时却慷慨接济。大家赞扬他"像雷锋那样做人，像焦裕禄那样做官"。

苏宁同志舍身救战友的英雄行为和高尚品德，在社会上引起强烈反响。《人民日报》《解放军报》等各大报刊连续报道他的事迹，赞誉苏宁是一个"想现代化、钻现代化、干现代化的先进典型"，是新时期的雷锋，是广大官兵学习的好榜样。1993 年 2 月 19 日，中央军委授予苏宁"献身国防现代化的模范干部"荣誉称号。江泽民等党和国家领导人为之题词，号召全党、全军向他学习。

【精神榜样】

苏宁思考现代化、钻研现代化、干现代化的进取精神，使他成为新时期高素质青年军人的光辉典范。关键时刻的英勇献身，使他充分展现了一个优秀军人敢于牺牲、乐于奉献的伟大情怀。苏宁代表了军队现代化建设所需要的品格和风貌，在苏宁身上充分反映了科技素养和英雄主义的结合，体现了个人价值与社会价值、远大理想与求实精神、甘愿奉献与卓著贡献的统一。